岡本洋子のおしゃれなパッチワーク

花の布つなぎ

〈復刻版〉

日本ヴォーグ社

Contents

Introduction ―はじめに―‥‥‥4

私の好きなバラの布‥‥‥6

リボンを使って‥‥‥12
　リボンのコーディネート‥‥‥16

50cm角の布があれば…‥‥‥18

とっておきのソーインググッズ‥‥‥20

シンプルなパターンが好き‥‥‥22
Rectangle & Square　Basket　Hexagon
Hawaiian Pattern　Sunflower

パターンに一工夫‥‥‥32
Hexagon Rose　Cathedral Window
Fabric Folding　Double Wedding Ring

Lesson・パターンの作り方
　ヘクサゴンローズ‥‥‥42
　基本のカテドラルウインドウ‥‥‥44
　カテドラルウインドウのアレンジ‥‥‥46
　ファブリックフォールディング‥‥‥48
　簡単ダブルウエディングリング‥‥‥50

作品の作り方‥‥‥52

作品の作り方について

●作り方の中で、特に指定のない数字はcm単位で表示しています。
●配置図や製図の各サイズはでき上がり寸法で表示しています。布を裁つ時は「裁ち切り（＝縫い代なし）」の指定がない限り、すべて縫い代を加えてください。特に縫い代の指定がないものは、一般的にピースワークは0.7〜1cm、アップリケは0.3〜0.5cmの縫い代が必要です。布や作品に合わせて調整しましょう。
●材料に「端切れ適宜」と書いてあるものは、お手持ちの布を好みで組み合わせて使ってください。

Introduction
―― はじめに ――

　私は子どもの頃からお裁縫や編みものなどの手芸に親しんできました。なかでもきれいな模様の布が大好きで、布を切っては縫いつないでバッグやクッションを作ったものです。当時はそれがパッチワークだとは思いもしなかったのですが、ある時、アメリカに留学していた知り合いが持ち帰った、ホームステイ先のおばあちゃん手作りのベッドカバーを見せてもらいました。何百枚もの小さな布片を継ぎはぎして作ったベッドカバー。その時は「外国にはこんなものがあるんだ」と思いましたが、何とも言えない素朴なあたたかさが長く胸に残りました。今思えば、あれこそ私が初めて間近で見た「パッチワークキルト」なのでした。

　そして、このように出合ったパッチワークを習い、教えることになってから早20年が経ちます。パッチワークの仕事を長く続けていると、海外へ足を運ぶことも多くなります。材料探しに一番熱が入るのは何と言ってもヨーロッパ。フランス、ドイツ、イタリア、オーストリア…と各国をまわりましたが、手芸にも歴史的な背景や落ち着いた雰囲気が感じられるのが好きです。初めて訪れる地方都市や、両替屋さんもないような小さな町でも、手芸店は必ずチェックします。布やリボン、ボタンなどを扱っているお店には不思議と鼻が利くようで、お店が私を呼んでいるのかも知れないと思うこともあります。

また、数年前からヨーロッパの古い生地資料から柄を選んだ「ヨーロピアンアンティークコレクション」というプリント布の制作に関わっています。柄のバランスや組み合わせはパッチワークで使うことを前提に考え、さらに今の時代に合ったおしゃれで魅力的な布のデザインを心がけています。この本の中にもこのコレクションの布をたくさん使いました。私なりの布の生かし方、柄使いをご覧いただければと思っています。

　この本では素材の魅力を充分に生かした作品を数多く作りました。旅先で出合った素材も多く使っているので「同じものが手に入らない」と思われるかも知れませんが、そんな時こそセンスとアイディアの見せどころ。本の作品とそっくり同じものを作るよりも、お手持ちのプリント布やきれいなリボンなどのお気に入りの材料を使って、工夫しながら自分だけの作品を作る方がもっと楽しいと思います。自分が楽しみながら作ったものは、見る人も楽しませることができます。そしてでき上がった時の喜びをずっと忘れずにいて欲しいと願っています。

岡本洋子

私の好きなバラの布

たっぷりと花びらを重ねたイングリッシュローズに、
優美でクラシックなオールドローズ。
香り立つようなバラを描いたプリント布は、
それだけで作品の主役になれるほどの華やかさがあります。
とっておきのバラの布の美しい花姿をそのまま楽しめるように、
大きく柄を見せられる使い方を提案します。

1 タペストリー
ゆったりとウェーブを描くバラの花綱プリントを、柄の流れに合わせてそのままボーダーに使ったタペストリーです。バラ模様の輪郭を強調するようにキルティングを入れ、さらにこげ茶の部分にもキルティングでバラを描きました。中央部分のピースワークはイエローグリーンをアクセントに。
作り方80ページ

2 バッグ

7ページのタペストリーで使ったものと同じ花綱プリントでバッグを作りました。ボディを飾る大輪のバラを、袋口に配した小さなバラのボーダーが引き立てています。上部にタックを寄せて、美しい柄を楽しむための大きめバッグです。
作り方56ページ

3 バッグ　4 ポーチ

黒いダイヤ型の中に1輪の小さなバラを描いたプリントを使って。8ページのバッグと一緒に作りましたが、それぞれの柄が一番映えるようにタックを取ったので少し形が違います。お手持ちの布で作る場合も、タックの位置や全体の形を柄に合わせて調整すると、素敵なものができると思います。がま口のポーチはストライプ布との組み合わせです。
作り方／3＝57ページ　4＝58ページ

5 バッグ　6 コサージュ

涼しげに透けるハードチュールを使ったバッグ。袋口には細いテープでバラを描いてあるメッシュ地を重ねました。チュールの上にリボンを巻きながら縫い止めてもいいと思います。コサージュのバラは幅広のリボンをくるくる巻いたり、縫い縮めて作ります。異なる素材を重ねたり、小さめのバラをいくつかまとめてつけると素敵です。
作り方／5＝60ページ　6＝60・61ページ

7 バッグ

レースとバラをプリントした布をテープにして、ハードチュールの上に格子状に縫いつけました。トートバッグのように底布を重ねて、おしゃれで使いやすく。ハードチュールは軽くて型崩れせず、バッグにぴったりの素材です。内側の縫い代はバイアス布でくるんでおくと、ほつれずにきれいに仕上がります。
作り方61ページ

リボンを使って

繊細な模様を織り出したジャガードに、ベルベットやサテンの光沢…。
美しいリボンやテープを手に取ると、いつも心がわくわくします。
幼い頃、髪に結んでもらったリボンも大好きでした。
存在感のある幅広のリボンをポイントにしたり、細めのリボンを何本か並べてみたりと、
リボンをメインに使ってデザインしてみました。

8 バッグ

白と黒の細い縞に合わせたのは、シックな配色のストライプリボン。ポンポンつきブレードとパイピングコード、持ち手に使った別珍のリボンは黒でまとめました。ストライプリボンの素材感と色使いが際立つ組み合わせです。
17ページのリボンのコーディネートも合わせてご覧ください。
作り方59ページ

9 バッグ（大・小）

幅が10cmもある紫のバラのリボンはフランスで見つけたもの。これで何を作ろうか…と考えるのも楽しく、巻かれたボビンごと購入して大切に持ち帰りました。大きなバッグには3つ、小さいバッグには2つのバラが入るようにデザインしました。持ち手にはグリーンのリボンを2種類重ねています。つるバラのようなフローラルテープと貝ボタンを添えて。
作り方62ページ

10 バッグ　11 ポーチ

美しいジャガード織りのリボンやテープは、作品にインパクトを与えてくれます。バッグに使った幅広のテープはドイツで購入したものですが、おそらくインテリア用のものだと思います。ポーチはジャガードリボンにさらに細めのリボン2種類を合わせました。幅広のリボンが手に入らない場合は、16ページのように何種類かのリボンを組み合わせるのがおすすめです。

作り方／10＝64ページ　11＝65ページ

12 ミニクッション

ベルベットとリボンのミニクッションはいくつも作ってリビングルームのアクセントに。リボンを額縁状に縫うと、角部分の模様が違った表情を見せてくれます。17ページでもコーディネート例をご紹介しています。四隅につけたポンポンは、ドイツで見つけたブレードをカットしたもの。色数豊富な刺しゅう糸で房を作ってもいいですね。
作り方66ページ

（14ページの作品）

リボンのコーディネート

お気に入りのリボンだけど、1本だけではちょっともの足りない…
という時は、他のリボンと組み合わせてみましょう。
リボンをもっと楽しく使いこなすためのアドバイスです。

何種類も並べて幅広リボンのように

「幅の広いリボンが手に入らない」という方におすすめ
したいのが、複数のリボンの組み合わせ。太さや素材
感の異なるものを一緒に使うと効果的です。

Ribbon Coordinate

コーディネート用のリボン提供／MOKUBA

バッグにした時のイメージ

太さの違う3種類のリボンを並べたら、ジャガード織りの幅広テープにも負けないくらいゴージャスな雰囲気。上から幅2＋1＋4＋1＋2cmのリボンを使って総幅10cmに。すべて黒ベースですが、太さの異なる2種類の花柄とビーズのようにメタリックに輝くリボンを合わせて、華やかにまとめました。

サテンリボンの光沢を加えて、質感の違いを楽しむ組み合わせ。紫のリボンにはオレンジ色の糸が織り込まれています。上から幅2＋2.6＋1＋3.8＋2cmで総幅11.4cm。

太幅のペイズリー柄リボンにインパクトがあるので、両側にシンプルな紫のリボンを並べただけでもおしゃれな感じになります。上から幅2.6＋5.5＋2.6cmで総幅10.7cm。

からし色のサテンリボンの上にフローラルテープを重ねました。シェニールの立体的な花モチーフがかわいらしさを添えてくれます。上から幅2.4＋3.8＋2.4cmで総幅8.6cm。

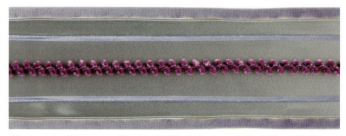

グレー、パープル、ラベンダーの色味を集めて。太いサテンリボンの両側にベルベットリボンを並べて、上にシェニールコードと細いベルベットリボンを乗せています。上から幅0.9＋7.2＋0.9cmで総幅9cm。

ストライプ布と合わせるなら…

規則的なストライプには、幾何学模様風のリボンをコーディネート。同じリボンを2本並べると倍の太さのリボンのようにも使えます。

幅2.6cmの紫のリボン2本を、柄をずらして市松になるように並べて総幅5.2cmに。パープルのシェニールコードを乗せて同系色でまとめました。

からし色のサテンリボンの上に、中心が透けた幅2.4cmの繊細なリボンを重ねて。上から幅1.4＋3.8＋1.4cmで総幅6.6cm。

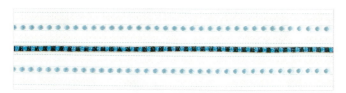

レースに水色の刺しゅうをしたような幅2.7cmのリボン2本の間に、幅0.4cmのシェニール風テープをはさみました。総幅5.8cm。

（12ページの作品）

バッグにした時のイメージ

細かくステッチしたような柄の幅2.4cmのリボン2本を並べて、総幅4.8cmに。境目にピンクのフローラルテープをのせて甘い雰囲気をプラスしてみました。

リボンを額縁風に楽しむ

リボンを45度につき合わせるように縫って角を作ると、額縁風になります。角部分に生まれる模様の面白さを楽しんで…。

（15ページの作品）

太めのリボンなら1種類でも素敵です。角できちんと模様を合わせるのがコツ。
a：幅5.5cm、b：幅2.9cm。

周囲を濃い色で引き締めたり、際にラインの入ったリボンを使うとより額縁風になります。
c：外側から幅2＋2.6cmで総幅4.6cm　d：外側から幅1.4＋1cmで総幅2.4cm

50cm角の布があれば…

布のお好きな方なら、美しい模様に心惹かれて少しだけ手に入れた布や、ちょっとだけ残しておいたお気に入りの布を大切にお持ちだと思います。そんな布を有効に使える、50cm角で作れる小さな作品をご紹介します。

13・14 ミニバッグとポーチ

きれいなプリント布の裏に接着キルト綿を貼ってふっくらと仕上げたミニバッグは、50cm角の布から縫い代も含めて効率よく裁てるような形を考えました。余った部分から三角形のピースを裁ち、お揃いのポーチを作れば端切れまで無駄になりません。底を輪で裁ち、縫う箇所も少ないので簡単に作れます。
作り方52・53ページ

14

とっておきのソーインググッズ

いつもキルターの身近にある針やハサミ。
私はバッグが大好きなので、針道具を収納するソーインググッズもバッグの形にしてみました。
ちょっとした遊び心をプラスして、針を持つ時間を楽しく彩りましょう。

15 ソーイングケース

必要最低限の使いやすい針道具をソーイングケースにまとめておけば、少しの空き時間にもピースワークに励むことができます。ピンクッションはマジックテープで取り外しができるようにすると便利です。表側はレースやビーズ、ステッチでおしゃれに飾って、いつでも持ち歩きたくなるようなソーイングケースになりました。
作り方68ページ

16 メジャー

ソーイングケースとお揃いで作りたい、バッグの形のメジャー。ビーズをつないだ持ち手の端にアクセサリー用のホックをつけて、ソーイングケースの持ち手につけられるようにしています。レースやビーズ、プリント布から切り抜いた花などで自由に飾りましょう。
作り方67ページ

シンプルなパターンが好き

パッチワークを始めて第一作目はワンパッチだった、という方はきっと多いことでしょう。
私も正方形や六角形を縫いつないでいく楽しさから、パッチワークに夢中になりました。
あれから長い年月が過ぎ、たくさんの作品を作りましたが、シンプルなパターンの魅力は今も尽きることがありません。

Rectangle & Square

17 ティーコゼー　18 ミニマット　19 テーブルクロス

長方形と正方形を使ったテーブルセット。ティーコゼーは長方形のピースを短辺の分だけずらして並べました。スクラップ布のピースワークに南仏風の黄色いプリントを合わせて、テーブル上を明るく彩ります。ミニマットとテーブルクロスは6枚のナインパッチをぐるりと並べた「ジャックの鎖」というパターン。シンプルなナインパッチも、配置を工夫すると新鮮に見えてきます。紫のフラワープリントとの組み合わせでさわやかにまとめました。
作り方／17＝70ページ　18・19＝71ページ

20

Basket

21

20 ランチョンマット

気軽なランチやお茶の時間に活躍するランチョンマット。何枚か用意していつも洗いたてのものを使いたいから、簡単に作れることと、食器との合わせやすさを考えてデザインしました。土台はプリントの柄に沿ったキルティングでシンプルに、四隅にバスケットのパターンを配してやさしい印象に仕上げました。
作り方70ページ

21 クロス

パンかごに掛けたり、テーブルの上のお皿を覆ったりと便利に使えるクロスは、キルト綿をはさまない軽い仕立て。5つのバスケットはだんだん小さくなるようにデザインしました。それぞれのパターンの向きも変えたので、バスケットが転がっているような動きが出せたと思います。
作り方56ページ

22 テーブルセンター

六角形のピースをペーパーライナーを用いてひし形につなぎました。中心の9枚のピースを囲むように1周ずつ異なる柄のピースを並べています。六角形の中に小さなバラが1輪ずつ入るように裁ったり、大きな花柄の部分を使ったりすると変化がつきます。バラの布をたくさん使って、ローズガーデンのようなテーブルセンターになりました。
作り方84ページ

23 ポーチ　24 カードケース

ヘクサゴンのペーパーライナーはつなぎ方を工夫すれば、立体的なものを作ることもできます。ポーチの底のまち部分にひし形のピースを加えて、ふっくらと仕上げました。カードケースは1辺1.2cmの小さなヘクサゴンつなぎ。ピースの縁を生かして、ふたをスカラップ風のデザインにしました。
作り方／23＝54ページ　24＝72ページ

Hexagon

25 マット

ハワイアンと言えば鮮やかなむら染め布と大胆なデザインを思い浮かべますが、布の選び方次第でエレガントな作品にもなります。ワインレッドの地にバラのつぼみと小さな水玉を散らしたプリントで、ハワイのバラ、ロケラニをアップリケしました。全体にエコーキルトを入れてしっかり仕上げましょう。
作り方55ページ

※パターンは Elizabeth AkanaのThe Silver Jubilee Collectionを参考にアレンジしました。

Hawaiian Pattern

26 バッグ

私がハワイアンの小ものを持つなら…と思ってデザインしたバッグです。モチーフには淡い色、土台布は濃い色のプリント布を使い、ハイビスカスのシルエットが夕暮れの中に浮かび上がっているようなイメージにしました。土台布の細かい水玉とコーディネートして、モチーフの上にビーズを縫い止めています。
作り方73ページ

26

27 額

丸いサンフラワーを1/4にカットしたパターン。先のとがった小さなピースが多いのと、カーブの縫い合わせがあるので難しそう…と思われるかも知れませんが、20cm角の額なら挑戦しやすいと思います。円の中心から細かく分割するほど、ピースの先が鋭角になります。分割や配色を変えてみたり、大小のパターンを向かい合わせに配置したバリエーションをいくつか作って並べると素敵です。
作り方74ページ

28 タペストリー

ワンパッチも楽しいけれど、ちょっと複雑なパターンを並べた時に生まれるデザインの面白さも格別です。円形のパターンは1/4や1/2に分割したものも組み合わせて配置すると変化がつきます。ボーダーにも1/4のパターンをのせて、サンフラワーが伸びやかに広がっていくようなデザインにしました。
作り方75ページ

パターンに一工夫

花びらが立体的になったモチーフや、折り紙のように布を折って作るパターンには、
ピースワークとは一味違った面白さがあります。
作品を新鮮に見せてくれる工夫のあるパターンや、
お馴染みのパターンを作りやすくアレンジしたものなどをご紹介します。

29 バッグ

咲き始めのバラの花のようなモチーフは、表布に縦横にタックをたたんで作ります。六角形に形作ってからタックをほどくようにねじり、中心を縫い止めました。モチーフができたら、ペーパーライナーのように巻きかがりで縫いつないでバッグの形に仕立てます。赤いビーズのタッセルの輝きをアクセントに。
★ヘクサゴンローズのモチーフのレッスン…42ページ
作り方76ページ

Hexagon Rose

29

Cathedral Window

30 ボックス

「大聖堂の窓」という名前の通り、土台布と配色布のコントラストがステンドグラスのように美しいカテドラルウインドウ。正方形の布を折って土台を作り、その上に配色布をのせてまつっていくのが基本の作り方です。四角いボックスはこのトラディショナルな方法で作りました。台紙にきれいに布を貼って、しっかりした箱に仕立てましょう。

★基本のカテドラルウインドウのレッスン…44ページ
作り方82ページ

31 ボックス

だ円形のボックスはカテドラルウインドウのアレンジ。土台布を折り重ねる代わりに、小さなピースを縫い合わせて作ります。まつってあるカーブ部分（白黒プリント）と、その下の土台布で布を変えられるので、デザインの幅がぐっと広がります。全体を薄く仕上げられるのもポイントです。

★カテドラルウインドウのアレンジのレッスン…46ページ
作り方81ページ

32 ソーイングケース　33 シザーケース

カテドラルウインドウのアレンジは、端切れを活用できるテクニックでもあります。持ち手をつけたソーイングケースとお揃いのシザーケースは、大切に取っておいた端切れを使って小さめのパターンで作りました。ソーイングケースの内側は普段使うものに合わせて仕切りを作るのがおすすめです。

★カテドラルウインドウのアレンジのレッスン…46ページ
作り方／32＝78ページ　33＝77ページ

Cathedral Window

34 ピンクッション

小さくてコロンとした形のピンクッション。手前の2点は基本の、奥の2点はアレンジのカテドラルウインドウで作りました。どちらも正方形にパターンを作り、丸く縫い縮めて綿を詰めて仕上げます。いくつも作ってプレゼントしたくなるかわいらしさです。
★基本のカテドラルウインドウのレッスン…44ページ
★カテドラルウインドウのアレンジのレッスン…46ページ
作り方77ページ

35

35 ミニタペストリー

ファブリックフォールディングも「布を折って作る」パターンのひとつ。正方形の布で折り紙をするようにモチーフを作り、花びらを折り返して土台布に縫い止めていきます。転写プリント風のボーダーでまとめて満開の花園のようなミニタペストリーに。
★ファブリックフォールディングのレッスン
…48ページ
作り方84ページ

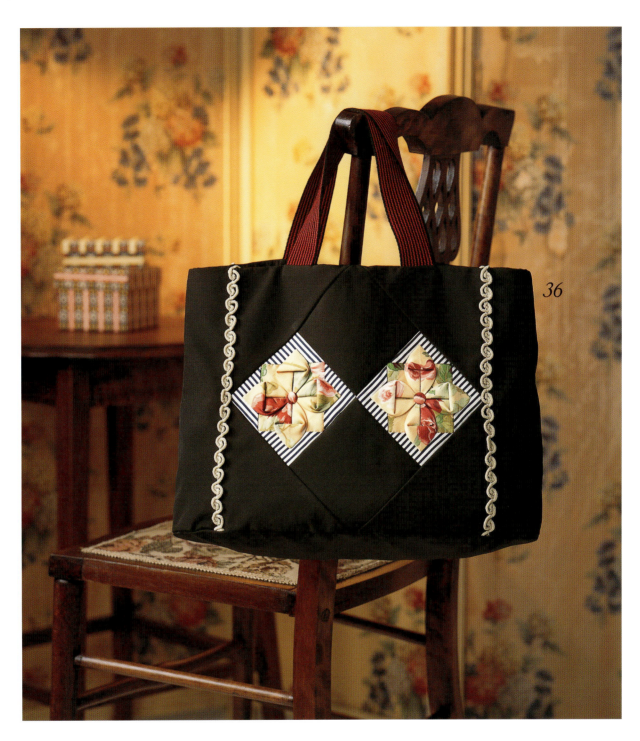

36 バッグ

ファブリックフォールディングは立体的に仕上がるので、ポイント使いにしても素敵です。大柄プリントでモチーフを作り、それを引き立てるように黒無地を合わせました。モチーフの中心はボタンやビーズをつけて押さえると落ち着きます。ここでは共布のくるみボタンをつけてみました。

★ファブリックフォールディングのレッスン…48ページ
作り方85ページ

Double Wedding Ring

37 バッグ　38 ミニタペストリー

いくつもの円が連なるダブルウエディングリング。製図もピースワークも難しそう…と敬遠していた方におすすめなのが、バイアステープをアップリケして作る簡単ダブルウエディングリングです。バッグはリングが横につながるように、ミニタペストリーはリボン刺しゅうを加えた中央のプリント布を囲むようにパターンを配しました。
★簡単ダブルウエディングリングのレッスン…50ページ
作り方／37＝86ページ　38＝87ページ

39 タペストリー

タペストリー全体にパターンを使うと、円の連鎖で生まれるダブルウエディングリングの面白さが十分に感じられます。リングの交点はパターンを引き締める役割があるので、スパイスになるような色を使いましょう。黒地にレースをプリントした布をボーダーにしましたが、無地の布にレースを重ねてアップリケしてもいいと思います。
★簡単ダブルウエディングリングのレッスン…50ページ
作り方87ページ

LESSON・パターンの作り方

ヘクサゴンローズ （33ページの作品で使用しているパターンです）

ふんわりとねじった表布が、花びらを重ねたバラの花のように見えるモチーフです。
薄めで少し張りのある布を使うと作りやすく、きれいに仕上がります。

※ここでは分かりやすいよう、目立つ色の糸で縫っています。実際には布と同色の糸を使ってください。

モチーフの表布

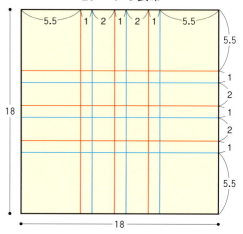

→ 山折り
→ 谷折り

※図中の寸法は、33ページのバッグのモチーフのサイズです。

1 正方形に裁った表布に、縦・横に山折りと谷折りの印をつけておきます。布端のみに印をつけるか、後で消せる印つけペンを使うとよいでしょう。

2 表布に1でつけた印の通りに、縦に折り目をつけます。1本ずつアイロンで押さえるとよいでしょう。

3 2と同様に、横に折り目をつけます。タックをすべてたたんだ状態です。

4 3にでき上がり寸法の正六角形の型紙（43ページ参照）を当て、型紙の0.3cm位外側にしつけをかけてタックを押さえます。

5 接着キルト綿をモチーフのでき上がり寸法（裁ち切り）にカットし、裏布の裏にアイロンで貼ります。

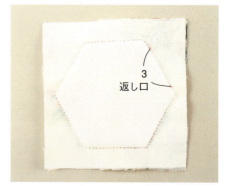

6 4と5を中表に合わせ、返し口を残して接着キルト綿の際を縫います。4のしつけを外します。

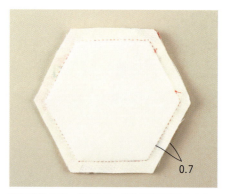

7 周囲の縫い代を0.7cm残して切り落とします。

8 7を表に返します。返し口をまつって閉じます。

★ **ワンポイント・アドバイス**
11でねじった表布を縫い止める時は下まで針を出し、少しだけすくって針目を小さくします。
裏布をそのまま作品の内側として使えるように、最初と最後の糸玉は目立たないようにしましょう。

9 表布の中心をつまんで引き上げ、2、3でたたんだタックを開きます。

10 片手は9の表布をつまんだまま、もう一方の手で全体をまわして表布をねじります。

11 10の中心を下まで針を出して縫い止め、ねじった表布を固定します。同様に2、3か所を縫い止めてきれいに形を整えます。これでモチーフのでき上がりです。

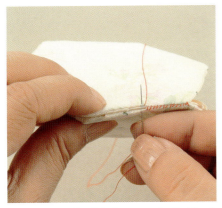

12 モチーフをつなぐ時は、ペーパーライナーを縫いつなぐ要領で、2枚を中表に合わせて巻きかがりで縫い合わせます。

13 何枚かのモチーフをつなぐ場合は、所々のモチーフを回転させてタックの向きを変えると、よりバラの花らしく見えます。

正六角形　実物大型紙
（33ページの作品）

3 返し口

5

★33ページのバッグは、このモチーフを16枚用意します。
バッグの作り方は76ページ。

基本のカテドラルウインドウ （34ページの作品で使用しているパターンです）

トラディショナルなカテドラルウインドウをきれいに仕上げるためのコツをご紹介します。
土台布と配色布はコントラストをつけた布を選ぶとよいでしょう。

※ここでは分かりやすいよう、目立つ色の糸で縫っています。実際には布と同色の糸を使ってください。

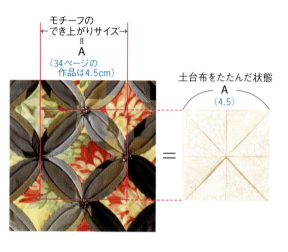

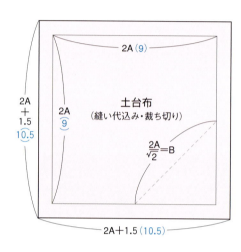

各ピースのサイズ
（モチーフのでき上がりサイズAを元に計算します）
※（ ）は34ページの作品を作る時のサイズ
どちらも作品の仕上がりサイズに合わせて必要枚数用意します。

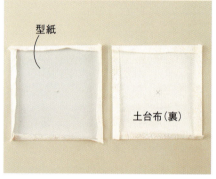

1 縫い代をつけて土台布を裁ちます。型紙（上図・土台布の内側の線を参照。中心に穴を開けておく）を当てて周囲の縫い代をアイロンで折り、中心の印をつけます。

2 四隅を中心に向けて折ります。中心で4つの角がきちんと揃うように折ります。四隅の先端に糸を渡して縫い止めます。

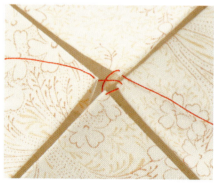

3 2を縫い止める時は、糸玉は作らずに糸端を長めに残しておきます。角の先端に針を入れ、上写真のように糸を渡して向かい合う角を中心で揃えます。

4 3の糸を引き締め、残しておいた糸端としっかり結びます。糸はそのまま切らずにおきます。

5 1でつけた中心の印に針を入れ、裏側に出します。

6 2、3と同様に四隅を中心に向けて折り、角の先端に針を入れて縫い止めます。

LESSON・パターンの作り方

★ワンポイント・アドバイス
ステンドグラスのように丸い窓から配色布がのぞいているのが「カテドラルウインドウ」の名前の由来です。
土台布の裏側がそのまま作品の内側になる場合が多いので、裏側をきれいに仕上げることが美しい作品づくりにつながります。
裏側に糸玉を出さないこと(7)と、土台布のモチーフを外表にして巻きかがる(8)のはこのためです。

7 5と同様に中心に針を出し、裏側で最初の糸端としっかり結びます。これで土台布ができました。残った糸端は裏側の布の間に収めておきます。

8 土台布のモチーフを必要枚数作ってつなぎます。2枚を外表に合わせ、ペーパーライナーを縫いつなぐ要領で巻きかがりで縫い合わせます。

9 8を縫い終わって開いたところ。巻きかがりの縫い目は配色布をのせるので表には見えなくなります。

10 9を2列作り、縦に縫いつなぎます。何枚ものモチーフをつなぐ場合は、まず横につないで列を作り、それを縦につないでいくとよいでしょう。

11 配色布を用意します。正方形の角を少しカットし、4辺も少し内側にカーブするようにカットしておきます。

12 配色布は、2枚の土台布を縫い合わせた部分にできる正方形の上にのせます。配色布の中心をまち針で止めます。

13 土台布の折り山部分をめくり、配色布にかぶせてまつります。角のとがった部分をすっきりさせたいので、カーブの途中からまつり始めるとよいでしょう。

14 一番上の配色布の4辺をまつったところです。他の配色布も、13と同様に土台布の上にのせてまつっていきます。

★34ページのボックスは、土台布のモチーフを9枚つないでいます。
ボックスの作り方は82ページ。

カテドラルウインドウのアレンジ
（35〜37ページの作品で使用しているパターンです）

一番下の土台布と、カーブしているアップリケ部分の布を変えられるのがポイント。このレッスンでは、一番下の土台布を2色の市松状にしています。土台は直線縫いなので、ミシンでも縫うことができます。

※ここでは分かりやすいよう、目立つ色の糸で縫っています。実際には布と同色の糸を使ってください。

各ピースのサイズ
（モチーフのでき上がりサイズAを元に計算します）
※（ ）は35ページの作品を作る時のサイズ

モチーフのでき上がりサイズ＝A
（35ページの作品は5cm）

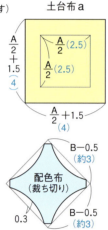

土台布a

$\frac{A}{2}+1.5$ (4)　$\frac{A}{2}$(2.5)　$\frac{A}{2}$(2.5)　$\frac{A}{2}+1.5$(4)

配色布（裁ち切り）
B−0.5（約3）
0.3
B−0.5（約3）

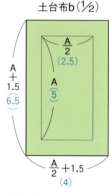

土台布b

A (5)　A (5)　$\frac{A}{\sqrt{2}}=B$
A+1.5 (6.5)　A+1.5 (6.5)

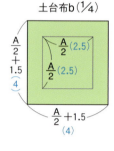

土台布b（½）　土台布b（¼）

$\frac{A}{2}$(2.5)　A(5)　$\frac{A}{2}$(2.5)　$\frac{A}{2}$(2.5)
A+1.5(6.5)　$\frac{A}{2}+1.5$(4)　$\frac{A}{2}+1.5$(4)
$\frac{A}{2}$(4)

★土台布a・bはすべて縫い代込み・裁ち切り
★プロセス中では、土台布aは黄色と白の2色を使用しています

1 土台布a黄−1の上に、外表に二つ折りにした土台布bを置きます。もう1枚のa白−1を中表に重ね、上と右の端をきちんと揃えます。上辺の端から端までを縫います。

2 bの下側も1と同様に2枚のaではさみ、下と右の端を揃えます。下辺の端から端までを縫います。

3 袋状になったbを開き、a白−1とa黄−2、a黄−1とa白−2を中表に合わせます。bをきれいに折って形を整え、2本の縫い線を揃えて縫い代を交互に倒します。

4 3を平らにして端から端まで縫います。中にはさまれているbの布端をaと揃え、bの底部分を一緒に縫い込まないように注意します。

5 4を開くと、モチーフ1枚のでき上がり。軽くアイロンをかけて形を整えます。これを必要枚数作ります。

6 モチーフ同士を縫い合わせる時は、間に二つ折りの土台布bをはさみます。隣りにモチーフが来ない部分は長方形のb(½)を二つ折りにし、bのわ同士をつき合わせて置きます。

LESSON・パターンの作り方

★ **ワンポイント・アドバイス**
5のモチーフを必要枚数作ったら、土台布aの黄色と白が市松状になるように並べてみましょう。
モチーフ同士を縫い合わせる時は、必ず黄色と白のピースを中表に合わせることになります。
13で土台布bを配色布にまつる時は、45ページの13と同様にカーブの途中から始めるとよいでしょう。

7 bをはさみながらモチーフを縦に2枚ずつつないだブロックを作ります。右下のモチーフの中心線に、二つ折りにしたb(1/2)のわの部分を合わせて置きます。

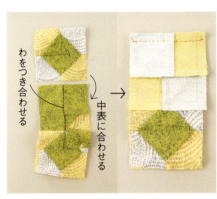

8 7のbを持ち、右側のb(1/2)の左にわ同士をつき合わせて置きます(モチーフ部分は避けておく)。もう1枚のモチーフ(7で右上にあるもの)を中表に合わせて縫います。

9 8を3と同様に開き、向かい合うモチーフ同士の中心の縫い線を揃えます。新たに外表に二つ折りにしたb(1/2)とbを、中央のbの両サイドにわをつき合わせてはさみます。

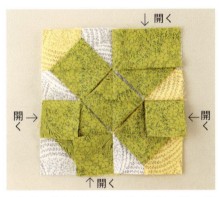

10 縫い代を交互に倒して端から端まで縫い、開きます。4枚のモチーフの中央にbの正方形ができています。はさんであるbとb(1/2)も開いて三角形にします。

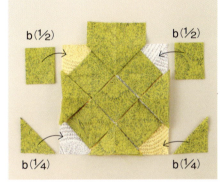

11 全体の角部分(写真下側の左右角)には土台布b(1/4)を対角線で折って乗せます(上側の角はさらにモチーフを縫いつなぐと仮定して全体サイズと1/2のbにしています)。

12 配色布を用意します。正方形の角を少しカットし、4辺も少し内側にカーブするようにカットしておきます。

13 土台布bの上に配色布をのせ、中心をまち針で止めます。bのわの部分をめくって配色布にかぶせてまつると、aの布が見えてきます。

14 中央の配色布の周囲をまつったところ。11で角部分の脇に置いてあるb(1/4)は、全体を仕立てる時にのせて周囲を一緒に縫い、配色布をのせてまつります。

土台布aは市松状にしたり、端切れをランダムに使っても面白い表情になります。土台布bに何種類かの布を使ってもよいでしょう。
★35ページのボックスの作り方は81ページ

ファブリックフォールディング

（38・39ページの作品で使用しているパターンです）

正方形の布を折り紙のように折って作るファブリックフォールディング。ふっくらとした花びらが優しい印象のパターンです。

◆パターンの作り方はRebecca Wat著「FANTASTIC FABRIC FOLDING」を参考にしています。

※ここでは分かりやすいよう、目立つ色の糸で縫っています。実際には布と同色の糸を使ってください。

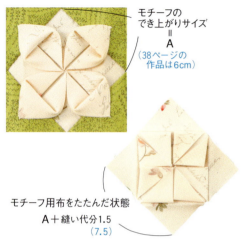

モチーフのでき上がりサイズ＝A（38ページの作品は6cm）

モチーフ用布をたたんだ状態 A＋縫い代分1.5（7.5）

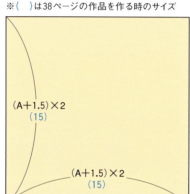

モチーフ用布のサイズ
（モチーフのでき上がりサイズAを元に計算します）
（縫い代込み・裁ち切り）
※（　）は38ページの作品を作る時のサイズ

(A＋1.5)×2 (15)

(A＋1.5)×2 (15)

1 正方形に裁ったモチーフ用布に、アイロンで十字に折り線をつけます。布の裏を上にして置きます。

2 角を中心（1でつけた十字の折り線の交点）に向けて折ります。

3 4つの角すべてを2のように折り、返します。これが裏側になります。

4 下半分を中心に向かって折ります。アイロンで押さえてしっかり折り線をつけておきます。

5 4辺すべてに4と同様に折り線をつけます。

6 隣り合う2つの辺を5の線で折り、間の角部分に「耳」を作ります。

7 残りの3つの角部分も6と同様に折り、「耳」を作ります。折り紙の「風車」の状態になりました。

LESSON・パターンの作り方

★ワンポイント・アドバイス
ここではモチーフの周囲にピースを縫い合わせてから中心を縫い止めていますが(14)、
モチーフが折れた段階(10)で内側の中心を縫い止めておいてもOKです。
15で花びらの先をまつる時は、4枚のバランスが同じになるように花びらをめくります。引っ張りすぎて花びらの立体感を損なわないようにしましょう。

8 「耳」を開いて折り、きれいに形を整えます。

9 残りの3つの「耳」も8と同様に開いて折ります。

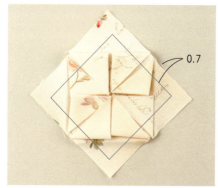

10 後側の三角形を起こして表に出します。これでファブリックフォールディングのモチーフがひとつ折れました。周囲0.7cmの位置にでき上がり線の印をつけておきます。

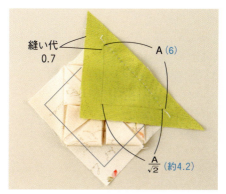

11 モチーフの周囲にピースを縫い合わせます。三角形のピースを中表に合わせ、端から端まで縫います。

12 11のピースの向かい側にも、同様に三角形のピースを中表に合わせて縫います。

13 残りの2辺にも三角形のピースを中表に合わせて縫い、モチーフの周りをピースで囲みます。このブロックを必要枚数作り、中表に合わせて縫いつなぎます。

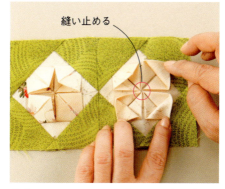

14 モチーフをめくり、中央の4つの角を縫い止めます。糸玉は作らずに裏側から針を入れ、44ページの3、4を参照して角をすくい、裏側で糸端同士を結びます。

15 モチーフの花びらの先を三角形のピースに縫い止めます。花びらをめくった時の立体感を損なわないように、角の先端のみを5、6針まつります。

★ミニタペストリーの作り方は84ページ。

◀ 39ページのバッグ。モチーフの中心に、ボタンやビーズをつけると仕上がりがきれいです。

簡単ダブルウエディングリング

（40・41ページの作品で使用しているパターンです）

アップリケで作る簡単ダブルウエディングリング。
バイアステープは裏に熱接着テープをつけて、土台布にアイロンで貼ってからまつります。
製図も難しくないので、好きな大きさでパターンを作りましょう。

※ここでは分かりやすいよう、目立つ色の糸で縫っています。実際には布と同色の糸を使ってください。

製図の仕方　パターンのでき上がりサイズA（赤線の正方形）を元に計算します。　※（　）は40ページのバッグとミニタペストリーのサイズ

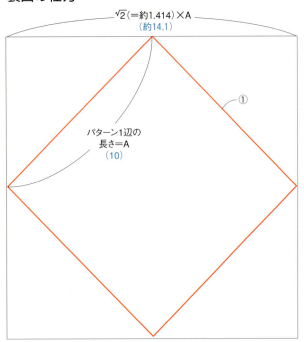

1 パターンのでき上がりサイズの正方形（＝①赤線）を描きます。図のように①の4つの角に接するように案内線を引き、正方形で囲みます。

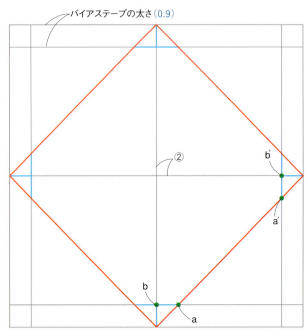

2 ①の正方形に対角線を引きます（＝②）。1の案内線から、アップリケするバイアステープの太さの線を引きます。この線と①の交点をa、②との交点をbとします。

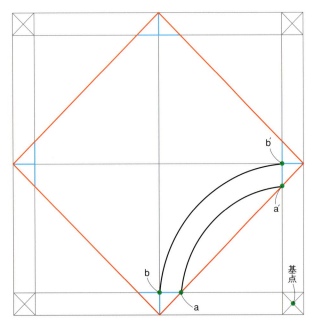

3 四隅にできたバイアステープの太さの正方形に対角線を引き、その中心を基点として、コンパスでaからa'、bからb'に弧を描きます。

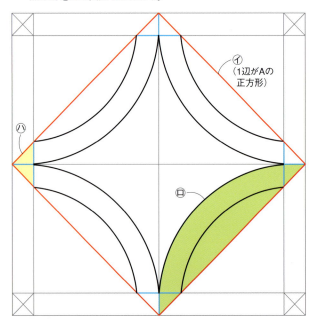

4 他の3つの角からも、3と同様に2本の弧を描きます。㋑㋺㋩の型紙を用意します。

LESSON・パターンの作り方

★ **ワンポイント・アドバイス**
3で使っている「(キルト用)熱接着テープ」は、アイロンで貼る両面タイプの接着テープ。幅0.5cmと幅1cmがあります。
「テープメーカーW」は、アイロンで熱接着テープを貼りながら縫い代を折り込んだバイアステープを簡単に作れる便利な道具です。
幅0.6〜2.5cmまで5種類の太さがあります。テープメーカーWの幅より細い熱接着テープを使いましょう。
※以上2点ともクロバー(株)の商品です。

パターンの縫い方

1 50ページを参照して製図し、㋑パターンでき上がりサイズの正方形、㋺bb'のカーブ(両端に三角形がついた状態)、㋩角部分の小さな三角形の型紙を用意します。

2 土台布の表に㋑で印をつけ、周囲に縫い代をつけて裁ちます。正方形の内側の角に㋺の角を合わせて、カーブの印をつけます。

3 アップリケ用布をバイアスに裁ち、裏にアイロンで熱接着テープを貼ったバイアステープを作ります(写真はテープメーカーWを使って作っているところです)。

4 3が冷めたらテープ裏のはくり紙をはがします。土台布の縫い代部分からバイアステープをカーブに沿わせてアイロンで少しずつ接着し、余分はカットします。

5 4つのカーブにバイアステープを接着します。㋩の型紙を土台布の角部分に合わせ、バイアステープの上に印をつけておきます。

6 バイアステープの両側の際をたてまつりで土台布にまつります。

7 ㋩の型紙に縫い代をつけて4枚のピースを裁ち、6の角に中表に合わせます。5でつけた印の位置を縫います。

8 4つの角に7と同様に三角形のピースを縫い合わせます。これでパターン1枚の完成です。㋩は、パターンを縫いつなぐ後にリングの交点の上に正方形をアップリケしてもOKです。

パターンを何枚も並べるとカーブがつながって、美しいダブルウエディングリングが浮かび上がります(上写真は41ページの作品)。

★ 40ページのバッグとミニタペストリーの作り方は86・87ページです。

13・14
18・19ページの作品

ミニバッグとポーチ

- ●材料（ミニバッグとポーチ各1点分）
本体表布…薄紫花柄（またはグレー花柄）50×50cm・黄色モアレ地（または黒無地）20×20cm、中袋50×50cm（ミニバッグ・当て布を含む）・20×20cm（ポーチ）、接着キルト綿70×50cm、バインディング（バイアス）…黄色モアレ地（または黒無地）3.5×40cm、30cm丈両開きファスナー1本、15cm丈ファスナー1本、長さ30cm持ち手1組、ビーズ・8番刺しゅう糸各適宜

- ●でき上がり寸法　図を参照
- ●作り方

〈ミニバッグ〉
① 本体表布の裏に接着キルト綿を貼り、輪の状態にしてファスナーをつける。
② タブを作る。
③ ①を中表に合わせ、タブをはさんでまちを縫い、脇を縫う。
④ 中袋を作る。
⑤ 本体と中袋を外表に合わせ、中袋をファスナーの際にまつる。
⑥ 持ち手をつけ、中袋の持ち手つけ位置を当て布で覆ってまつる。

〈ポーチ〉
① パッチワークをして表布を作り、裏に接着キルト綿を貼る。
② ①を中表に合わせて脇を縫う。
③ ②の袋口をバインディングする。
④ 袋口にファスナーをつける。
⑤ 中袋を作り、本体内側にまつる。
⑥ 刺しゅうをしてビーズをつける。

★ポーチの実物大型紙は巻末A面

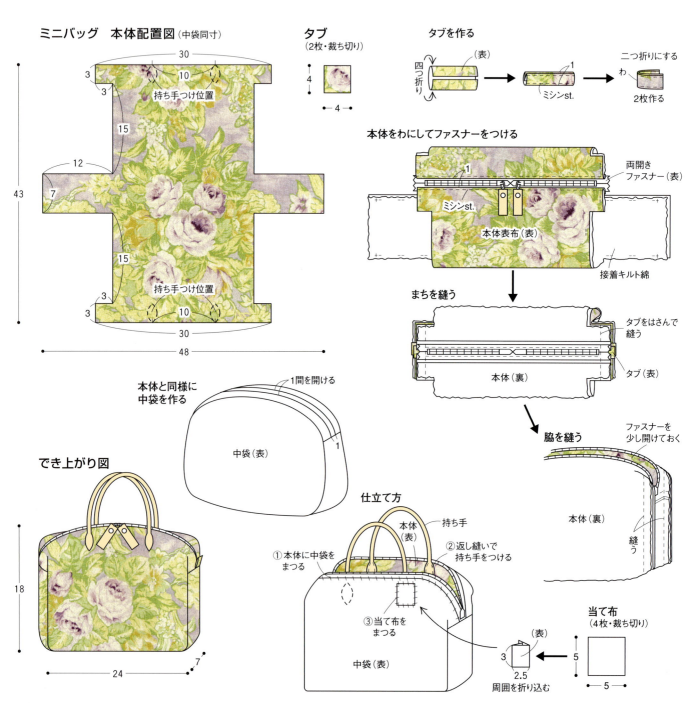

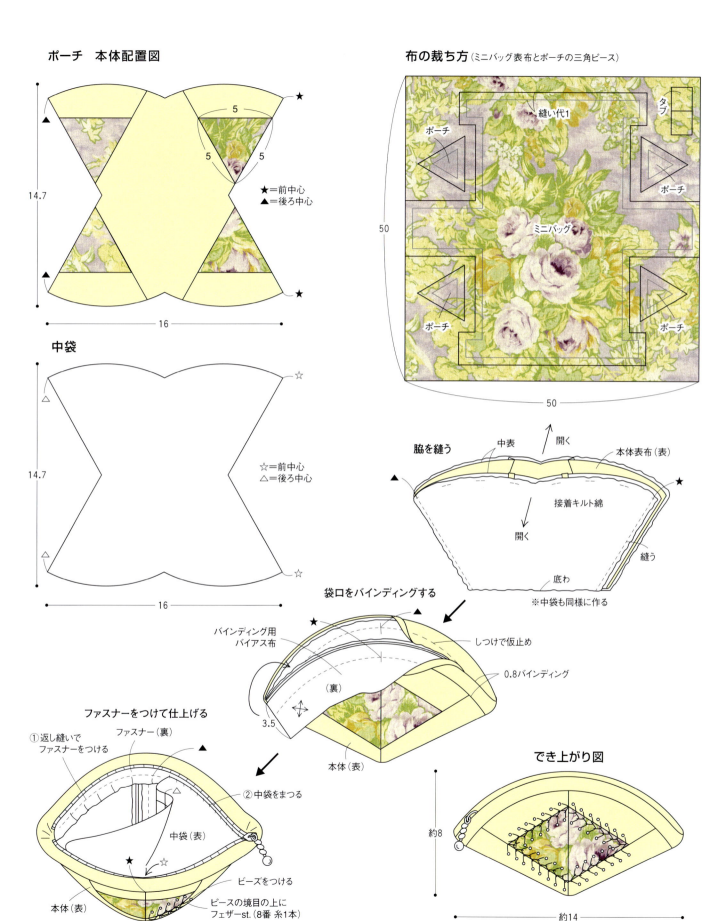

23
27ページの作品
ポーチ

- ●材料
パッチワーク用布…端切れ適宜、中袋・当て布・接着キルト綿各25×25cm、バインディング（バイアス）…黄緑小花柄4×35cm、14cm丈ファスナー1本
- ●でき上がり寸法　図を参照
- ●作り方
① ペーパーライナーを使って、1辺2.2cmの正六角形28枚・ひし形4枚のピースを作る。
② 配置図を参照して①を巻きかがりで縫いつなぎ、本体表布を作る。
③ 当て布の裏に接着キルト綿を貼り、中表に合わせて脇とまちを縫う。
④ ②の中に③を外表に重ね入れ、袋口をバインディングする。
⑤ ④にファスナーをつける。
⑥ 中袋を作る。
⑦ 本体と中袋を外表に重ね、中袋をファスナーの際にまつる。
- ●ポイント
各ピースを配置図のように平らにつないでから、立体的になるように側面の辺を合わせて巻きかがる。ペーパーライナーは市販の型紙を利用すると便利。
- ●ピースと中袋の実物大型紙は巻末A面

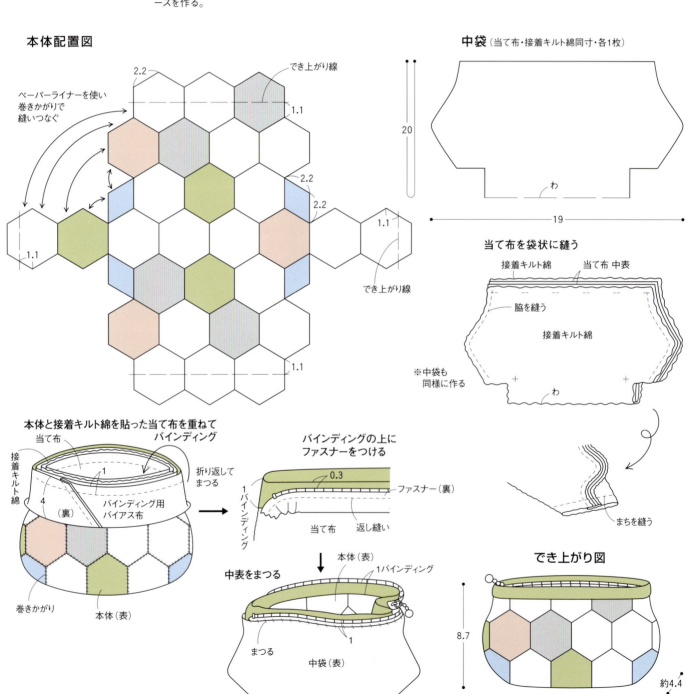

25

28ページの作品

マット

●材料
土台布…白地花柄90×60cm、アップリケ用布…赤地花柄85×55cm、裏布・キルト綿各100×70cm、バインディング（バイアス）…白地花柄3.5×300cm

●でき上がり寸法　56.4×86.4cm

●作り方
①アップリケ用布を中表に四つ折りにして図案を写し、切り抜く。この時中央部分は残しておき、開いてからつぼみの部分の図案を足して写し（上下でつぼみの向きを変える）、切り抜く。
②土台布に①をアップリケして表布を作る。
③②にキルト綿と裏布を重ねてキルティングをする。
④③の周囲をバインディングする。

●ポイント
アップリケ用布をカットする時は4枚重ねの布がずれないようにまち針で止め、よく切れるハサミを使うとよい。この作品のアップリケの実物大図案には縫い代が含まれているので、型紙を作る時は外側の「裁ち線」のみを写し、内側に描かれている「でき上がり線」を参考にアップリケする。

●アップリケの実物大図案は巻末A面

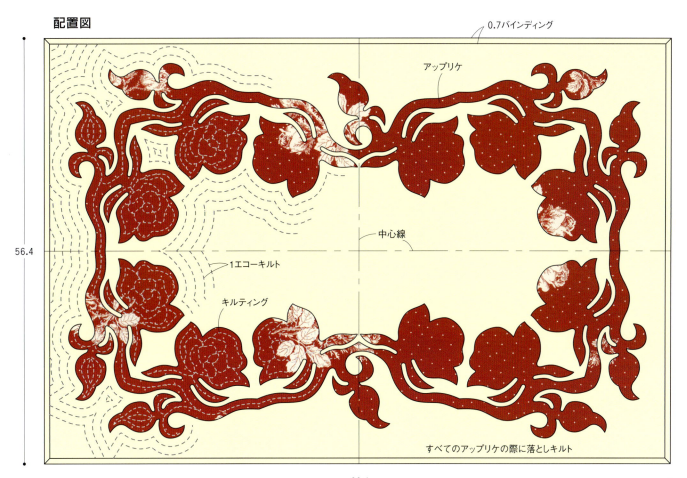

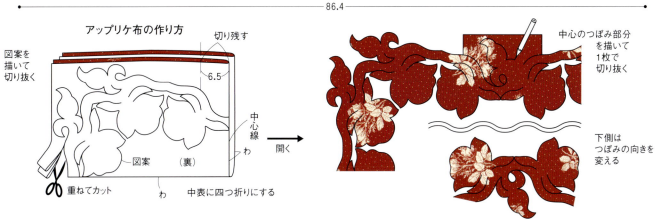

2・21

8・25ページの作品

バッグ・クロス

〈2・バッグ〉
● 材料
本体・口布・持ち手…こげ茶地花綱柄 110×130cm（中袋・見返しを含む）、接着キルト綿100×70cm
● でき上がり寸法　図を参照
● 作り方
57ページのバッグを参照して同様に作る。中袋は本体と同様にタックをたたむ。
● ポイント
この作品は大柄の花綱プリントを利用して作っている。口布と持ち手は同じプリント布の端のボーダー柄を利用。手持ちの布で作る場合は、柄の生かし方を考えながら布を裁つとよい。

〈21・クロス〉
● 材料
パッチワーク・アップリケ用布…グリーン草花柄90×45cm（裏布を含む）・端切れ適宜、8番刺しゅう糸グリーン適宜
● でき上がり寸法　40×40cm

● 作り方
① パッチワークとアップリケをして表布を作る。
② ①に裏布を中表に合わせ、返し口を残して周囲を縫う。
③ 表に返して返し口を閉じ、下まで通してランニングステッチをする。
● パターンの実物大型紙は巻末A面

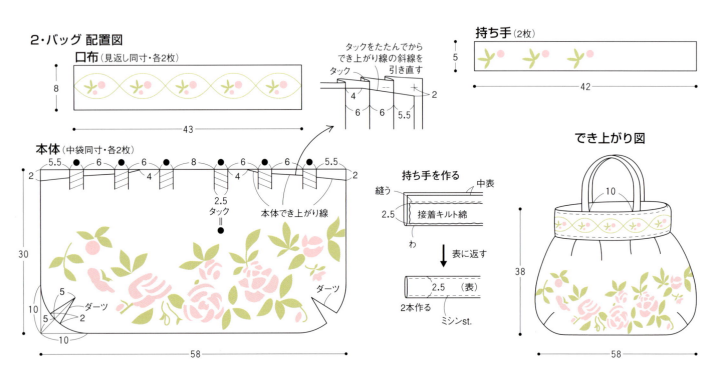

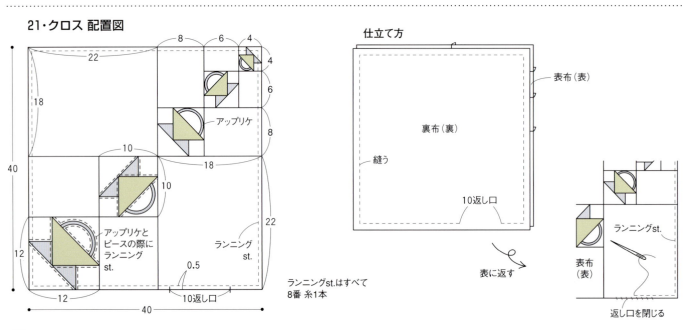

3

9ページの作品

バッグ

- ●材料
  本体…白地ダイヤ柄70×70cm、口布・持ち手B・見返し…黒地ダイヤ柄50×70cm、持ち手A…黒グログラン40×15cm、中袋70×70cm、接着キルト綿100×70cm
- ●でき上がり寸法　図を参照
- ●作り方
  ①本体表布の裏に接着キルト綿を貼り、タックを縫う。
  ②口布の裏に接着キルト綿を貼り、キルティングをする。
  ③①と②を中表に合わせて縫い、口布の下部をミシンステッチで押さえる。これを2枚作る。
  ④③の2枚を中表に合わせ、脇から底を縫う。
  ⑤持ち手と中袋を作る。中袋は上部をぐし縫いし、本体の寸法に合わせてギャザーを寄せておく。
  ⑥見返し2枚を中表に合わせて両脇を縫い、輪の状態にする（寸法は口布と中袋に合わせて調整）。
  ⑦本体の袋口に見返しを中表に合わせ、間に持ち手をはさんで縫う。
  ⑧本体と中袋を外表に重ね、見返しを折り返して中袋の際にまつる。
  ⑨袋口にミシンステッチをかける。
- ●ポイント
  タックをたたんでから上部の斜線を引き直し、それに合わせて口布や見返しの長さも調整する。タックをたたむ分量は布の柄に合わせて決めるとよい。

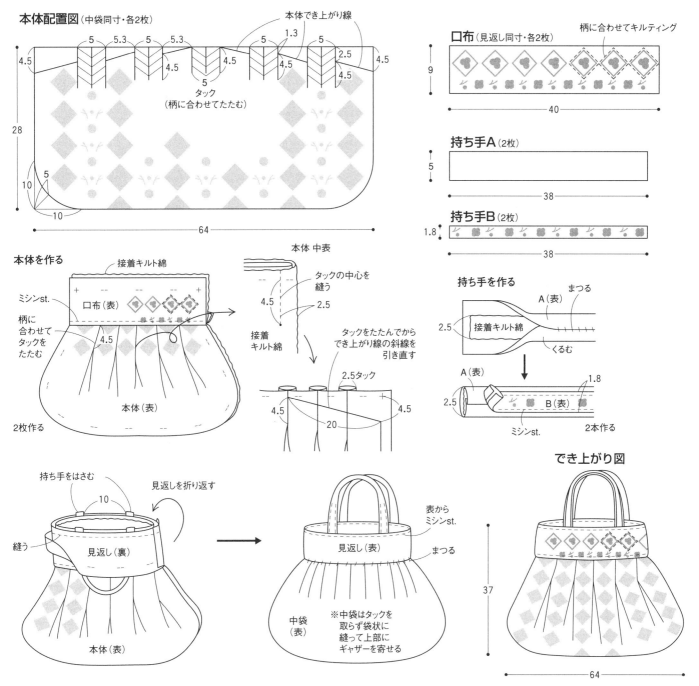

4 9ページの作品 ポーチ

- ●材料
パッチワーク用布…黒地ダイヤ柄30×20cm・白黒ストライプ20×20cm、中袋・内ポケット30×35cm、接着キルト綿40×45cm、外径11.5×4cm縫いつけるタイプの口金1個
- ●でき上がり寸法　図を参照
- ●作り方
① パッチワークをして本体表布を作る。
② ①の裏に接着キルト綿を貼る。
③ 図を参照して、AとBの隣り合う辺を中表に合わせて縫い、本体を袋状にする。
④ 内ポケットをつけた中袋を作る。
⑤ 本体と中袋を中表に合わせ、返し口を残して袋口を縫う。
⑥ ⑤を表に返し、返し縫いで口金をつける。
- ●ポイント
本体と口金に中心の印をつけておき、縫いつける時はこの印を合わせる。返し縫いで中心から外側へ向かって縫うと脇部分の開きが均等にできる。口金の表側と裏側の際に返し縫いの縫い目が見えるので、口金・中袋・返し縫いの糸の色を同系色にするときれいに仕上がる。
- ●実物大型紙は巻末B面

8
12ページの作品
バッグ

● 材料
本体…白黒ストライプ65×50cm（持ち手・見返しを含む）、口布…幅5cmストライプリボン50cm、中袋・内ポケット65×40cm、接着キルト綿60×50cm、薄地接着キルト綿5×50cm、厚地接着芯10×25cm、幅1.5cmポンポンつきブレード50cm、幅1cm黒ブレード60cm、直径0.3cm黒合皮パイピングコード80cm

● でき上がり寸法　図を参照
● 作り方
① 本体表布2枚の裏に接着キルト綿を貼る。中表に合わせ、間にパイピングコードをはさんで縫う。
② 口布のリボンの裏に薄地接着キルト綿を貼り、中表に合わせて輪の状態に縫う。
③ ①の上部をぐし縫いし、②の寸法に合わせてギャザーを寄せる。
④ 間にポンポンつきブレードをはさんで②と③を縫い合わせる。
⑤ 見返し・持ち手を作る。
⑥ 中袋を作り、③と同様に見返しの寸法に合わせてギャザーを寄せる。
⑦ 見返しと中袋を中表に合わせて縫い、見返しの上部に持ち手をしつけで仮止めする。
⑧ 本体と⑦を外表に重ね、袋口にミシンステッチをかける。

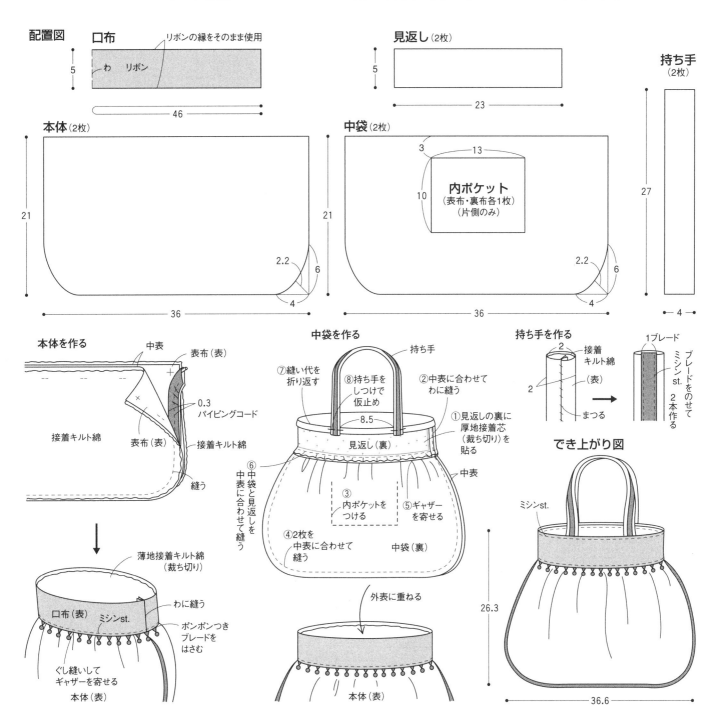

5・6

10ページの作品

バッグ
コサージュ2点

〈5・バッグ〉
● **材料** 本体…黒ハードチュール100×50cm（底・持ち手を含む）・黒バラ柄メッシュ地95×15cm、幅2.5cm黒ブレード110cm、縫い代始末用バイアス布3.5×290cm
● **でき上がり寸法** 図を参照
● **作り方のポイント**
縫い代始末用バイアス布は、あらかじめ四つ折りにしておく（市販のものを使うと便利）。本体のハードチュールの縫い代がほつれないように、はさんで縫って始末する。

〈6・コサージュ〉
● **材料（左）** ピンクシルク（バイアス）7×40cm、リボン各種を好みで適宜（図を参照）、フェルト6×6cm、パールビーズ、ボタンを好みで各適宜、長さ3cmブローチピン1個
（右） オフホワイト薄地シルク（バイアス）7×40cm、幅4cmワイヤー入りリボン30cm、幅3.6cmシフォンリボン20cm、フェルト5×5cm、長さ3cmブローチピン1個
● **でき上がり寸法** 図を参照
● **作り方のポイント**
左はリボンなどでそれぞれのパーツを作り、土台にバランスよく縫い止める。右はワイヤー入りリボンを使うと形が作りやすい。

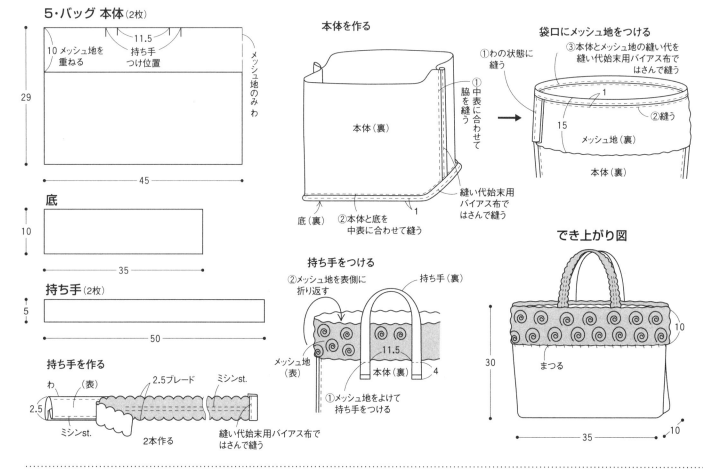

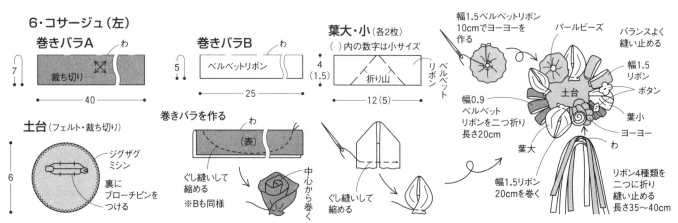

7

11ページの作品

バッグ

●材料
本体土台布…黒ハードチュール80×50cm（持ち手B・中敷きの芯を含む）、アップリケ用布…黒花柄60×80cm（底布・口布・持ち手Aを含む）、中敷き…黒無地20×35cm、縫い代始末用バイアス布3.5×80cm

●でき上がり寸法　図を参照

●作り方
①アップリケ用のテープを作る。幅2.4cmに裁った布の両端を中心に向かって折り、幅1.2cmのテープ状にする。
②土台布のハードチュールの上に①をのせ、両端をミシンステッチで押さえてアップリケする。
③②の中央部分に底布を重ね、ミシンステッチをかける。
④③を中表に合わせて脇とまちを縫い、縫い代を始末する。
⑤持ち手を作る。口布を中表に合わせて縫い、輪の状態にする。
⑥本体に持ち手をしつけで仮止めし、口布を重ねて縫う。
⑦口布を折り返し、表側からミシンステッチをかける。
⑧持ち手を立ち上げて袋口の際にミシンステッチをかける。
⑨中敷きを作り、底の一方の縫い代に縫いつける。

●ポイント
縫い代始末用バイアス布と始末の仕方は60ページの**5**のバッグを参照。

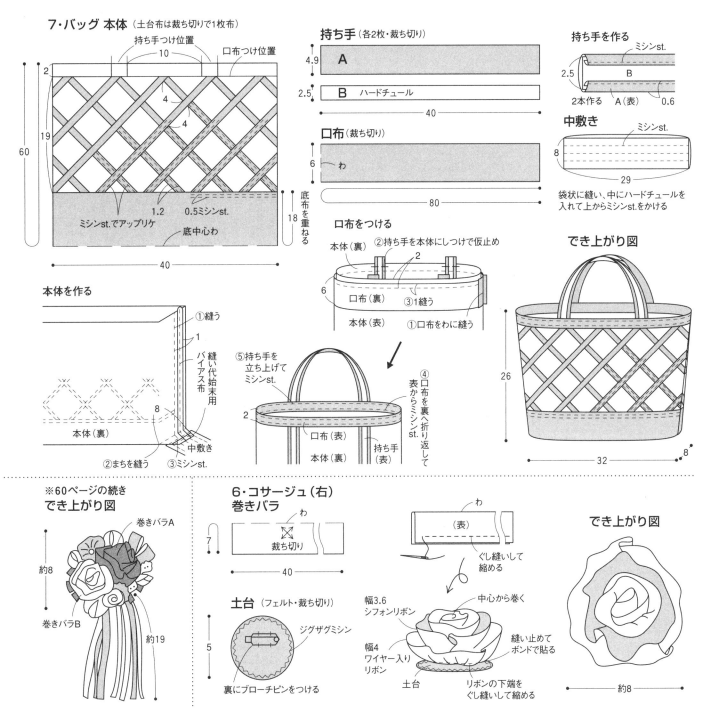

9
13ページの作品
バッグ（大・小）

●材料
（大）パッチワーク用布…黄緑無地110×30cm（持ち手・見返しを含む）・グレーストライプ30×30cm・白×紺ストライプ30×30cm・濃ピンクグログラン25×20cm・幅10cmバラ柄リボン75cm、中袋・内ポケット110×30cm、接着キルト綿90×40cm、接着芯20×35cm、直径0.3cm黒合皮パイピングコード80cm、幅1.7cm黄緑グログランリボン80cm、幅0.7cmグリーン系リボン80cm、幅1.5cmフローラルテープ75cm、貝ボタン…長さ1.7cmひし形16個・直径2cm 10個・直径1cm 8個、直径1.5cmマグネットボタン1組、白丸大ビーズ68個
（小）パッチワーク用布…黄緑無地110×20cm（持ち手・見返しを含む）・グレーストライプ25×20cm・白×紺ストライプ25×20cm・濃ピンクグログラン20×20cm・幅10cmバラ柄リボン50cm、中袋・内ポケット40×50cm、接着キルト綿30×70cm、接着芯20×25cm、直径0.3cm黒合皮パイピングコード60cm、幅0.7cmグリーン系リボン60cm、幅1.5cmフローラルテープ50cm、貝ボタン…長さ1.5cmひし形14個・

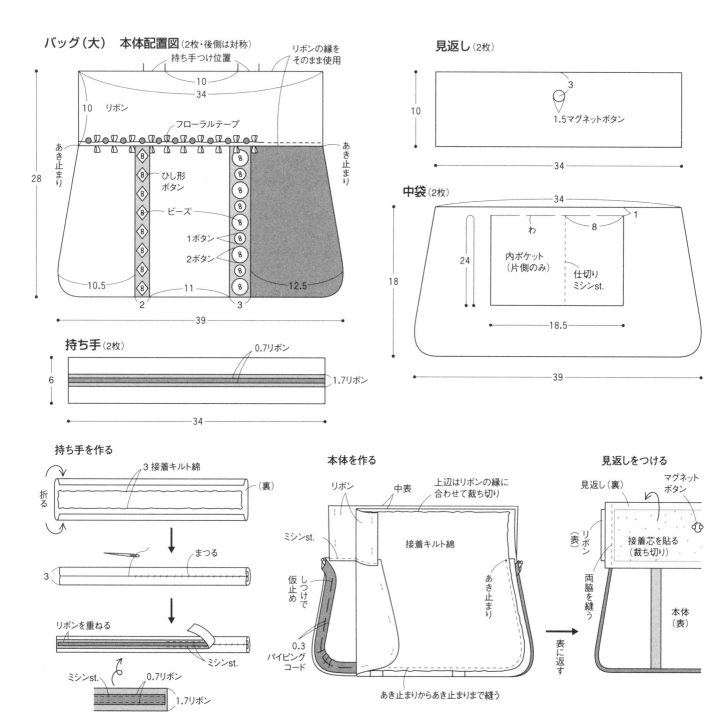

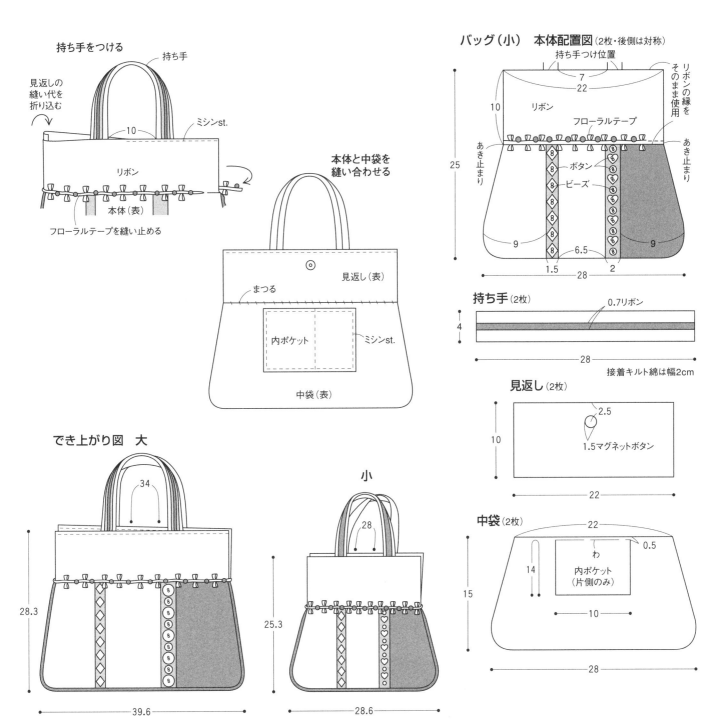

10
14ページの作品
バッグ

● 材料
本体…黒厚地無地 110×70cm（底・持ち手・見返しを含む）、口布…幅12cmジャガードテープ80cm、中袋・接着キルト綿各110×50cm、幅0.6cm黒ジャバラテープ160cm、厚地接着芯30×40cm

● でき上がり寸法　図を参照
● 作り方
① 本体表布の裏に接着キルト綿を貼り、中表に合わせて両脇を縫う。
② 底表布の裏に接着キルト綿を貼り、①と中表に合わせて縫う。本体上部のタックをたたむ。
③ 口布を輪の状態に縫い、②と縫い合わせる。
④ 見返しをつけた中袋と持ち手を作る。
⑤ 本体と中袋を外表に合わせ、持ち手をはさんで袋口を縫う。

● 底の実物大型紙は巻末B面

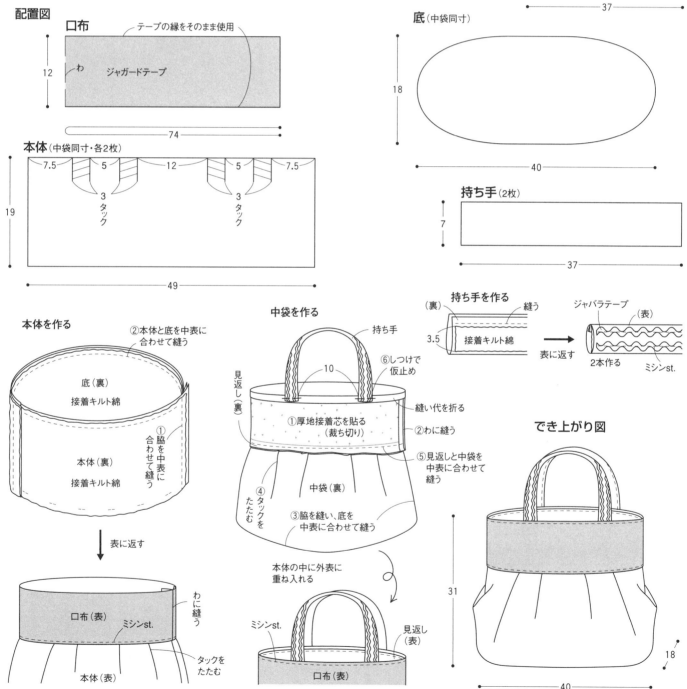

11

14ページの作品

ポーチ

●材料
パッチワーク用布…黒無地25×25cm（まち表布を含む）・紺無地20×15cm、裏布・接着キルト綿各40×25cm、リボン…幅4cmジャガード織り30cm・幅1.5cmゴールド×れんが色30cm・幅1cm緑グログラン10cm、直径1.5cmマグネットボタン1組
●でき上がり寸法　図を参照

●作り方
①配置図を参照してパッチワークをし、リボンをミシンステッチでアップリケして本体表布を作る。
②本体表布の裏に接着キルト綿を貼る。
③②と裏布を中表に合わせ、返し口を残して周囲を縫う。
④③を表に返す。マグネットボタンをつけて返し口を閉じ、周囲の裏布を星止めする。
⑤まち表布の裏に接着キルト綿を貼り、裏布を中表に合わせて返し口を残して周囲を縫う。表に返して返し口を閉じ、図のように二つに折り、ダーツを縫う。これを2枚作る。
⑥本体とまちを中表に合わせて巻きかがる。

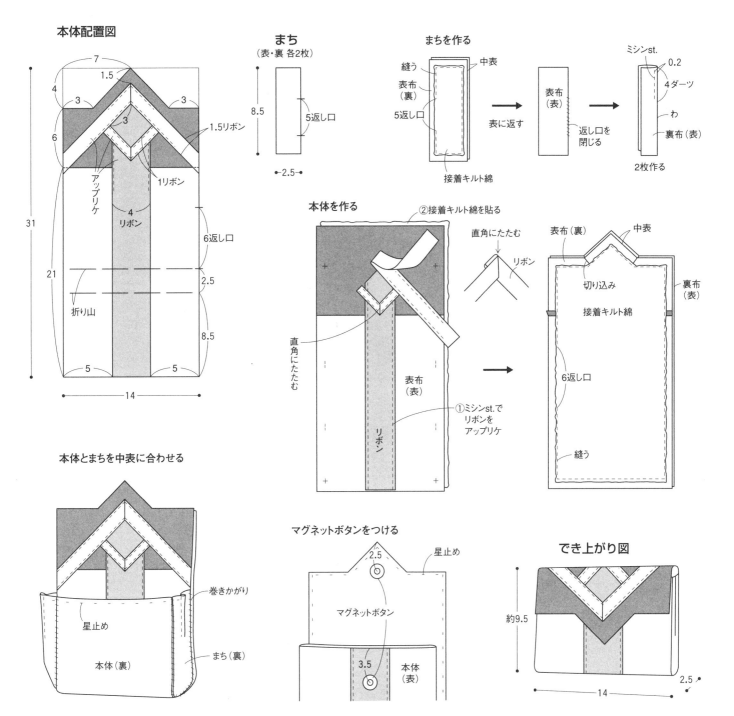

12
15ページの作品

ミニクッション2点

●材料（1点分）
前側土台布・後側…こげ茶ベルベット80×35cm、リボン…A＝幅3.5cm紫ベルベット90cm・幅2.5cmバラ柄65cm・B＝幅3.2cm黒レース柄90cm、接着キルト綿35×35cm、25cm丈ファスナー1本、直径2.5cmビーズつきポンポン4個、パンヤ入り中袋
●でき上がり寸法　図を参照

●作り方（A・B共通）
① 前側土台布の裏に接着キルト綿を貼る。
② ①にリボンをのせてミシンステッチで縫い止め、前側を作る。
③ 後側にファスナーをつける。
④ ②と③を中表に合わせ、四隅を残して周囲を縫う（ファスナーを少し開けておく）。
⑤ ④を表に返し、四隅にビーズつきポンポンを縫い止める。
⑥ パンヤ入り中袋を入れる。

●ポイント
柄入りの太いリボンを使う場合は、角できちんと柄を合わせるときれいに仕上がる。

ミニクッションA　前側配置図　　ミニクッションB　前側配置図

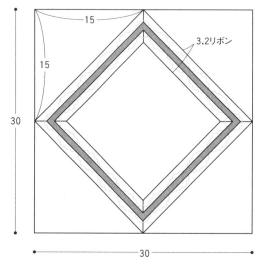
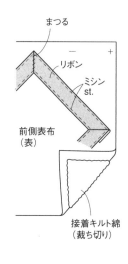

後側（共通）

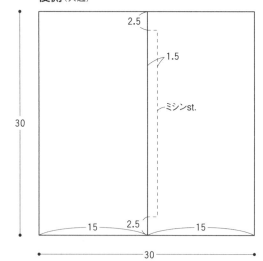
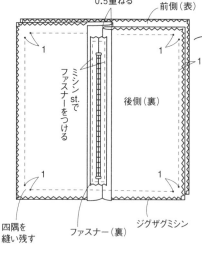
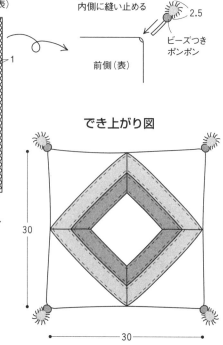

でき上がり図

16
21ページの作品
メジャー

●材料
土台布…ベージュモアレ30×10cm（底を含む）、アップリケ用布…端切れ・レース各種・リボンなど好みで各適宜、接着キルト綿25×10cm、モチーフ各種・スパンコール・花型パーツ・8番刺しゅう糸など好みで各適宜、直径0.6cmアクセサリー用ホック2組、プラスチックボード2×5cm、竹ビーズ・丸小ビーズ・ソロバン型ビーズ・ワイヤー・化繊綿各適宜、メジャー1個
●でき上がり寸法　図を参照
●作り方
①土台布に好みでアップリケと刺しゅうをして前・後側表布を作る。
②①の裏に接着キルト綿を貼り、好みでキルティングをする。
③前・後側を中表に合わせ、下辺を残して縫う。
④③を表に返してメジャーを入れ（テープを少し引き出しておく）、すき間に化繊綿を詰める。
⑤底を作り、本体と外表に合わせて巻きかがる。テープの引き出し口として底の1辺を開けておく。
⑥本体とテープの先端にビーズやモチーフをつけて好みで飾る。
⑦持ち手を作り、本体に縫い止める。
●ポイント
中に入れるメジャーの大きさに合わせて、本体の寸法を調整する。

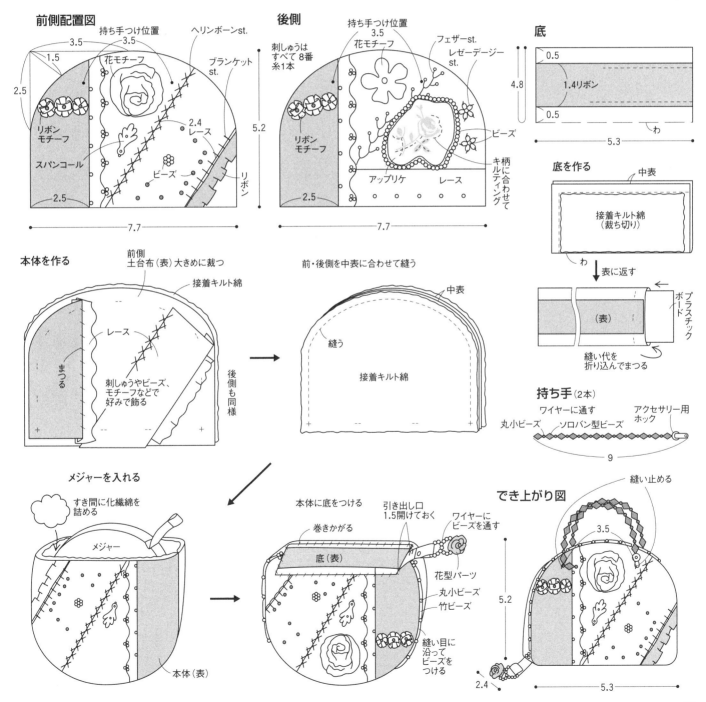

15 20ページの作品
ソーイングケース

●材料
パッチワーク用布…ベージュモアレ50×30cm（内側・持ち手を含む）・端切れ・レース各種・リボンなど好みで各適宜、内ポケット・ハサミケースA・B…白地花柄40×30cm（裏布を含む）、バインディング…白地花柄2×40cm（バイアス）、接着キルト綿30×35cm、幅2cmベージュレース80cm、幅0.9cmベルベットリボン65cm、幅4.5cm茶系リボン10cm、幅1.5cmベルベットリボン15cm、幅1.2cmチェックリボン40cm、幅0.3cm生成りリボン120cm、マジックテープ3×2.5cm、直径0.5cmスナップ1組、接着芯・リボンモチーフ・パーツ・ビーズ・8番刺しゅう糸など好みで各適宜、詰め綿適宜

●でき上がり寸法　図を参照

●作り方
①パッチワークをして本体表布を作る。裏に接着キルト綿を貼ってキルティングをする。
②図を参照して内側を作る。
③持ち手・ピンクッションを作る。
④本体と内側を中表に合わせ、持ち手とリボンをはさむ。返し口を残して周囲を縫い、表に返す。
⑤周囲にレースを縫い止め、刺しゅうをしてビーズやパーツをつける。

●本体・内側の実物大型紙は巻末B面

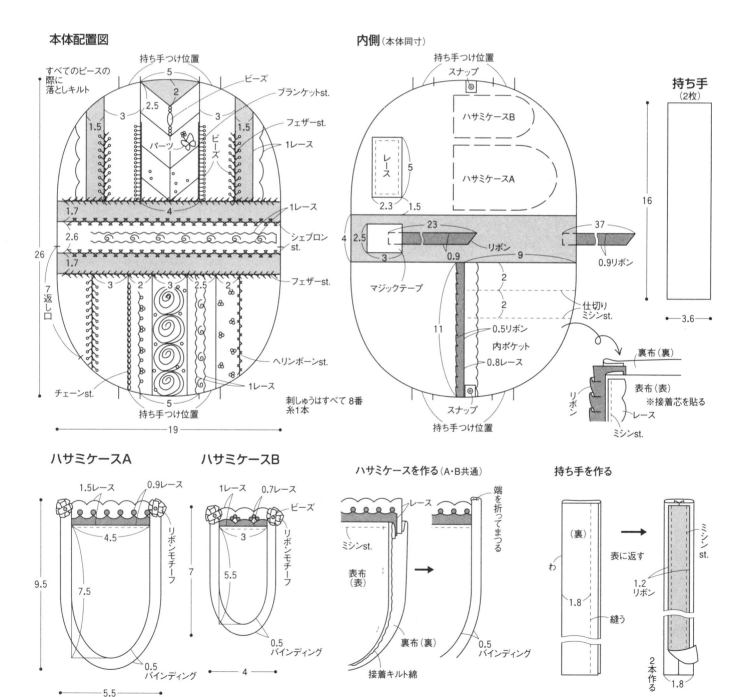

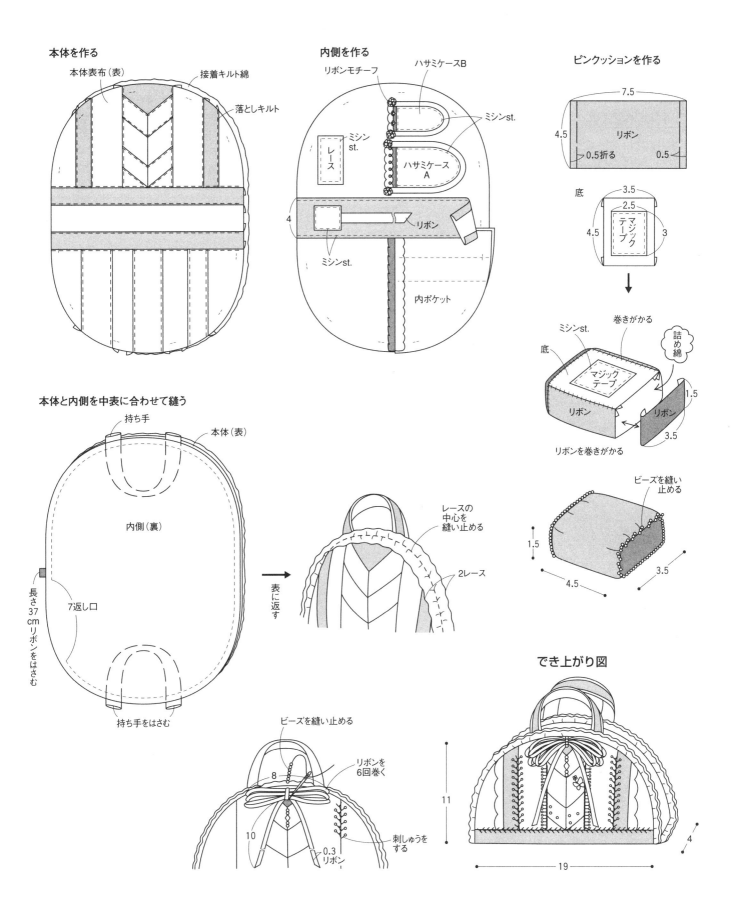

17・20

23・24ページの作品

ティーコゼー
ランチョンマット

〈17・ティーコゼー〉
● 材料　パッチワーク用布…黄色花柄プリント60×30cm（後側・ループを含む）・端切れ適宜、裏布・接着キルト綿各50×30cm
● でき上がり寸法　図を参照
● 作り方
①パッチワークをして前側表布を作り、裏に接着キルト綿を貼る。
②①に裏布を重ね、図を参照して下部をまつり、キルティングをする。後側（1枚布）も同様に作る。
③前・後側を中表に合わせ、ループをはさんで縫う。縫い代は多めに裁った裏布でくるんで始末する。

〈20・ランチョンマット〉
● 材料（1枚分）　パッチワーク・アップリケ用布…水色プリント30×35cm・端切れ適宜、裏布・接着キルト綿各35×40cm、縫い代始末用バイアス布3×140cm
● でき上がり寸法　27×37cm
● 作り方
①パッチワークとアップリケをして表布を作り、裏に接着キルト綿を貼る。
②①に裏布を重ねてキルティングをする。
③②の周囲に縫い代始末用バイアス布を中表に合わせて縫い、縫い代をくるんで裏布にまつる。

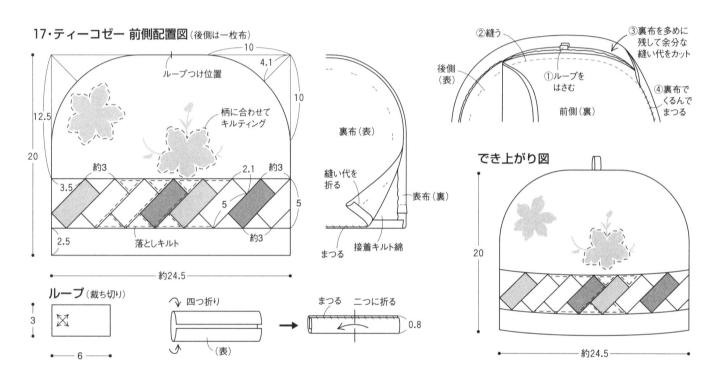

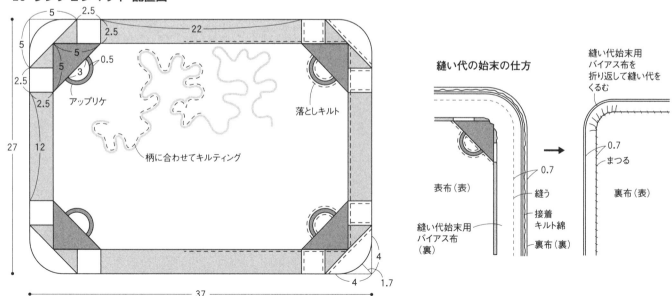

18・19

23ページの作品

ミニマット
テーブルクロス

<18・ミニマット>
●材料 パッチワーク用布…紫花柄60×30cm（裏布を含む）・紫水玉55×15cm・オレンジ系ストライプ55×10cm、キルト綿30×30cm、バインディング（バイアス）…紫水玉3.5×80cm
●でき上がり寸法 直径約24.2cm
●作り方
①パッチワークをして表布を作る。
②①にキルト綿と裏布を重ねてキルティングをする。
③②の周囲をバインディングする。

<19・テーブルクロス>
●材料 パッチワーク用布…紫花柄110×400cm（裏布を含む）・生成りレース地110×40cm・紫水玉110×80cm・ピンク系ストライプ110×60cm・黒小花柄25×20cm
●でき上がり寸法 図を参照

●作り方
①パッチワークをして表布を作る。四隅のパターンA・Bは配色を変えて2枚ずつ作る。
②①と裏布を中表に合わせ、返し口を残して周囲を縫う。
③②を表に返し、返し口をまつって閉じる。
④四隅のパターン部分に落としキルトをする。

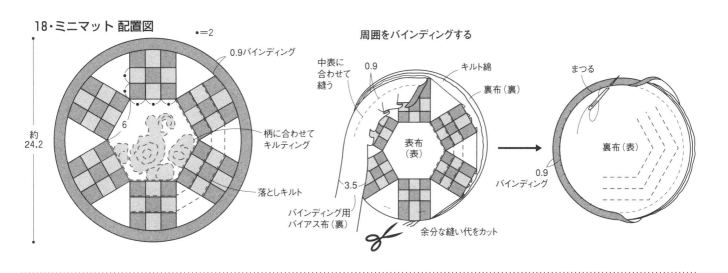

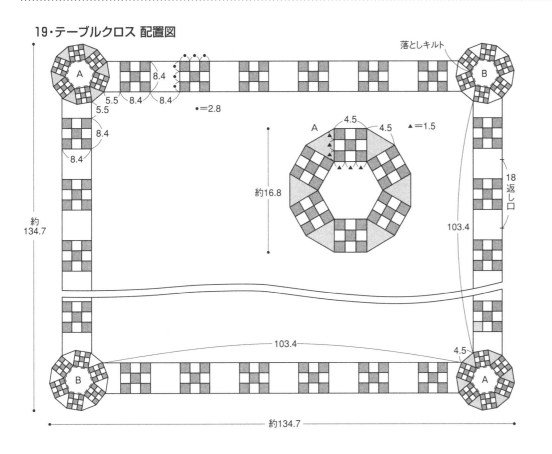

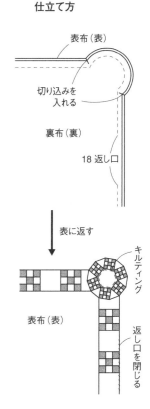

24
27ページの作品
カードケース

- ●材料
  パッチワーク・アップリケ用布…端切れ適宜、内側…グリーン花柄25×15cm、接着キルト綿25×15cm、直径1.5cmマグネットボタン1組
- ●でき上がり寸法　図を参照
- ●作り方
  ①ペーパーライナーを使って、1辺1.2cmの正六角形のピースを用意する。
  ②配置図を参照して①を巻きかがりで縫いつなぎ、本体表布を作る。
  ③②の裏に接着キルト綿を貼り、マグネットボタンをつける。
  ④正六角形のピースを巻きかがりでつなぎ、内側のアップリケ布を作る。内側布にしつけで仮止めし、マグネットボタンをつける。
  ⑤③と④を中表に合わせ、返し口を残して周囲を縫う。上部のピースの縁は巻きかがる。
  ⑥⑤を表に返し、返し口をまつって閉じる。
  ⑦底折り山の位置で⑥を中表に折り、両脇を巻きかがる。
- ●ポイント
  ペーパーライナーは市販の型紙を利用すると便利。

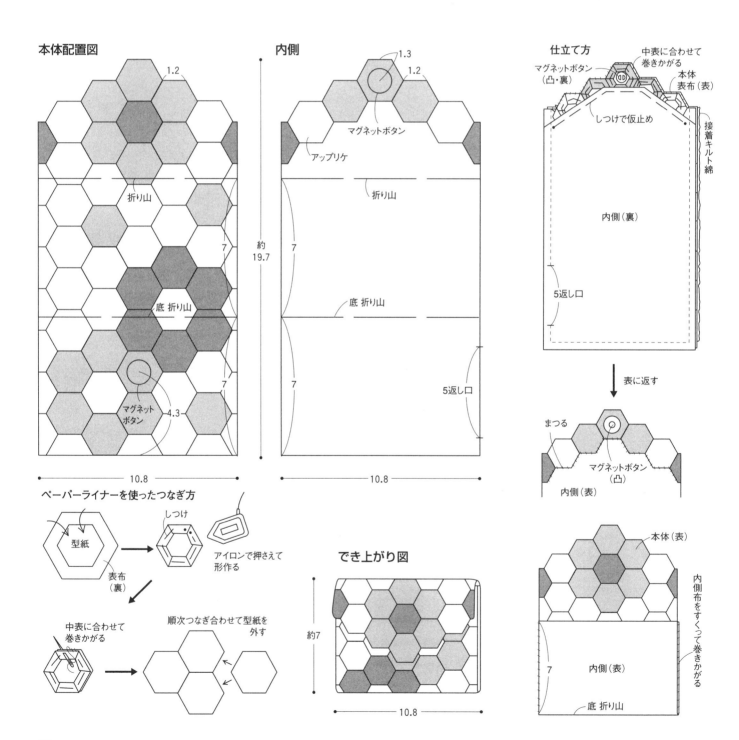

26

29ページの作品

バッグ

●材料
本体土台布…黒地花柄60×40cm、アップリケ用布…薄緑花柄40×30cm、中袋・当て布・キルト綿・接着芯各60×40cm、パイピング（コード入り）…芯用丸コード直径0.3×75cm・黒無地（バイアス）3×75cm、持ち手…幅1.5cm革テープ80cm、直径1.8cmボタン1個、丸小ビーズ白・テグス各適宜

●でき上がり寸法　図を参照

●作り方
① 土台布にアップリケをして本体表布を作る。
② ①にキルト綿と当て布を重ねてキルティングをする。アップリケの上に好みでビーズをつける。
③ ②を中表に合わせて両脇を縫い、まちを縫う。
④ 裏に接着芯を貼った中袋とパイピング（コード入り）を作る。
⑤ 本体の袋口にパイピング（コード入り）と持ち手を縫いつける。
⑥ 本体に中袋を外表に重ね入れ、袋口をまつって星止めする。
⑦ テグスにビーズを通してループを作り、ボタンと共に袋口につける。

●ポイント
この作品のアップリケの実物大図案には縫い代が含まれているので、外側の「裁ち線」を写して型紙を作り、内側の「でき上がり線」を参考にアップリケする。

●アップリケの実物大図案は巻末B面

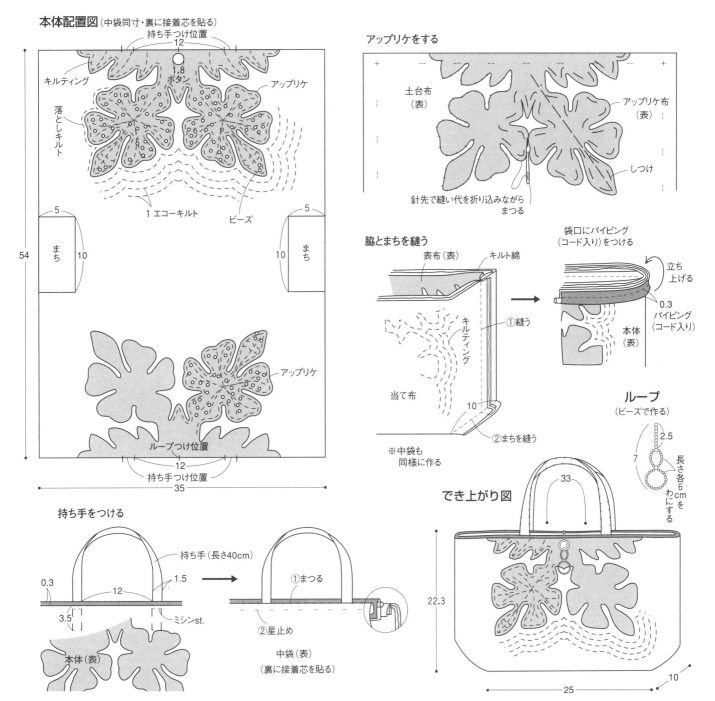

27

30ページの作品

額4点

●材料
パッチワーク用布…A＝白地花柄30×30cm・紺シルクストライプ20×20cm・白サテン適宜　B＝白黒格子に花柄25×25cm・黒地花柄20×10cm・薄緑花柄20×20cm・赤プリントと緑プリント各適宜　C＝白地花柄25×25cm・ピンクストライプと水色花柄各20×10cm・こげ茶水玉と青緑プリント各適宜　D＝白地花柄30×30cm・青水玉15×15cm・黄色花柄と黄緑むら染め各適宜、(以下A～D共通・1点分)当て布・キルト綿各25×25cm、内径20×20cmの額

●でき上がり寸法　20×20cm
●作り方（4点共通）
①パッチワークとアップリケをして表布を作る。
②①にキルト綿と当て布を重ねてキルティングをする。
③額に入れて仕上げる。

●ポイント
額に入れる場合は表布・キルト綿・当て布の3層が重なった状態では厚みがあって扱いづらいので、キルティングを終えたら表布とキルト綿の周囲の縫い代を1cm残してカットし、4辺に捨て布を縫いつけるとよい。

●Cの花のキルティングの実物大図案は巻末B面

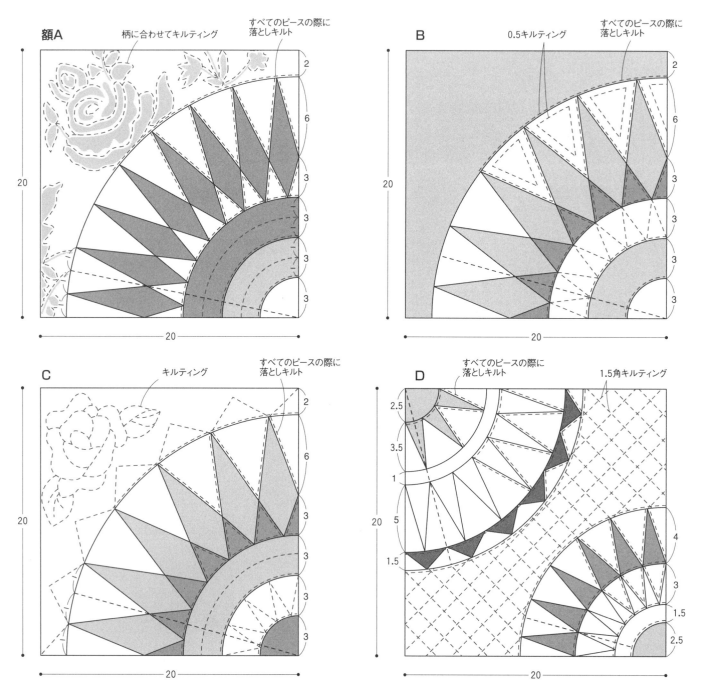

28
31ページの作品
タペストリー

●材料
パッチワーク・アップリケ用布…生成り地花柄・水色チェック各60×60cm・ピンク・生成り・クリーム色・黄緑・薄緑のサテン・花柄・水玉などの端切れ適宜、ボーダー用布…クリーム色地バラ柄80×140cm、裏布・キルト綿各90×280cm、バインディング（バイアス）…クリーム色地バラ柄3.5×490cm
●でき上がり寸法　120.6×120.6cm

●作り方
①図を参照してパッチワークとアップリケをして中央部分を作る。
②ボーダー用布に4分の1のパターンをアップリケし、①と縫い合わせて表布を作る。
③②にキルト綿と裏布を重ねてキルティングをする。
④③の周囲をバインディングする
●4分の1のパターンの実物大型紙は巻末B面

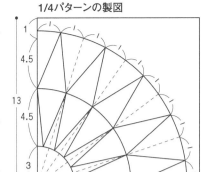
1/4パターンの製図

配置図

29

33ページの作品

バッグ

●材料
表布…クリーム色地花柄110×80cm（見返しを含む）、持ち手…緑無地45×15cm、裏布110×60cm、接着キルト綿110×25cm、薄地接着キルト綿・ちぢむシート（30％収縮）各45×15cm、接着芯30×20cm、直径1.2cmマグネットボタン1組、幅0.3cm赤リボン3cm、長さ5.5cmビーズタッセル4本
●でき上がり寸法　図を参照

●作り方
①42・43ページを参照して「ヘクサゴンローズ」のモチーフを16枚作り、配置図を参照して巻きかがりで縫い合わせて本体を作る。
②持ち手を作り、本体の脇内側に縫いつける。
③見返しの裏に裁ち切りの接着芯を貼り、マグネットボタンをつける。中表に合わせて両脇を縫う。
④見返しを本体内側の袋口に合わせてまつる。この時、二つ折りにしたリボンを前側にはさむ。
⑤④のリボンにビーズのタッセルを縫い止める。

●ポイント
持ち手に使用した「ちぢむシート（30％収縮・厚手タイプ）」は（株）ナカジマの商品。

●見返しの実物大型紙は巻末A面

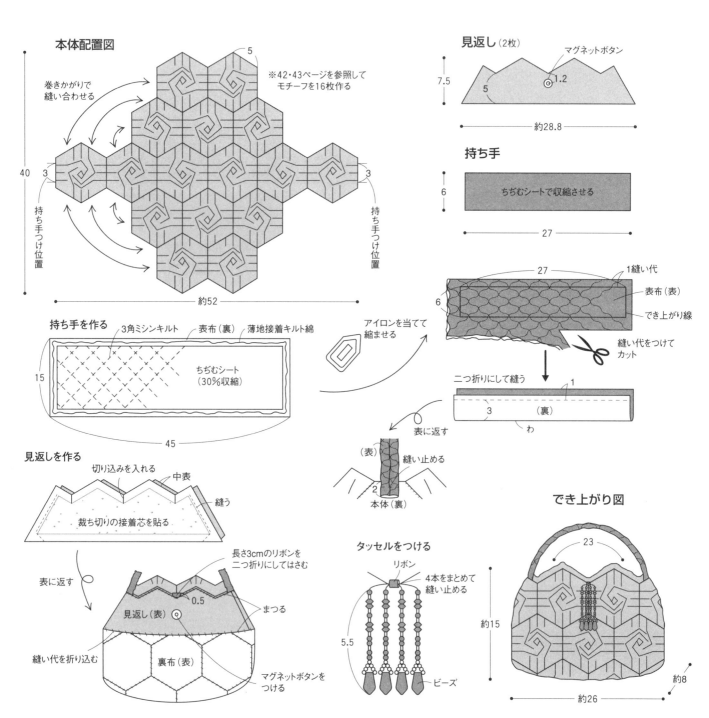

33・34
36・37ページの作品

シザーケース
ピンクッション2点

〈33・シザーケース〉
●材料　土台布a…白地花柄・青格子各10×15cm、土台布b…黄緑チェック20×40cm(中袋を含む)、配色布…黒花柄5×20cm、幅0.4cm白リボン35cm、ハート形ボタン2個、丸小ビーズ12個
●でき上がり寸法　図を参照
●作り方のポイント
46・47ページを参照してパターンを作る。中表に合わせて★と★から▲まで縫い、底部分を縫う。中袋も同様に作り、本体と外表に重ねてまつる。リボンとボタン、ビーズをつけ、ハサミを入れてみて入れ口2か所を縫い止める。

〈34・ピンクッション〉
●材料(各1点分)　A＝土台布…端切れ10.5×10.5cmを4種、配色布…花柄10×10cm(底を含む)、丸小ビーズ・竹ビーズ・厚紙・詰め綿各適宜
B＝土台布a…端切れ20×10cmを2種、土台布b…端切れ15×40cm(底を含む)、配色布…花柄10×10cm、丸小ビーズ・竹ビーズ・厚紙・詰め綿各適宜
●でき上がり寸法　図を参照
●作り方のポイント（A・B共通）
Aは44・45ページ、Bは46・47ページを参照してパターンを作る。丸くぐし縫いして縮め、詰め綿を入れて底をつける。好みでビーズやリボン刺しゅうで飾る。

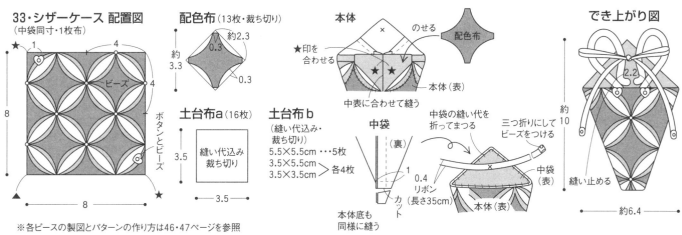

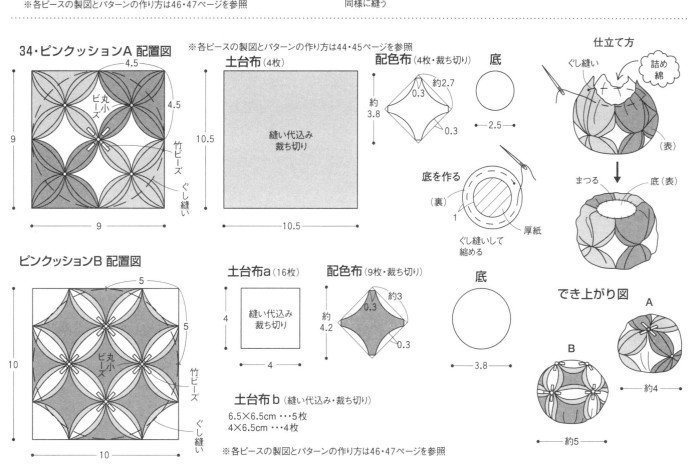

32
36ページの作品
ソーイングケース

●材料
パッチワーク用布…土台布a＝生成り花柄30×50cm（上・下まちを含む）・青格子15×30cm、土台布b＝黄緑花柄40×35cm、配色布＝黒地花柄50×50cm（内側・ピンクッション・ボビンホルダー・ファスナー飾りを含む）、持ち手…幅2.5cm黒ベルベットリボン45cm・幅1.5cm白黒ジャバラテープ45cm、接着キルト綿・接着芯各40×40cm、35cm丈両開きファスナー1本、幅1.5cm緑グログランリボン25cm、幅0.5cm黒サテンリボン10cm、直径0.7cmボタン1個、直径0.6cmスナップ1組、直径1.8cmくるみボタンの中身4個、マジックテープ2.5×2.5cm、パールビーズ11個、丸小ビーズ44個、詰め綿適宜

●でき上がり寸法　図を参照

●作り方
① 46・47ページを参照してパターンを作る。裏に接着キルト綿を貼る。
② 図を参照して①と側面内側A・Bを外表に重ねてしつけをかける。
③ 上まちにファスナーをつけ、下まちと縫い合わせて輪の状態にする。
④ ②と③を中表に合わせ、持ち手をはさんで縫う。
⑤ まち内側を作る。④と外表に合わせ、ボビンホルダーをはさんでまつる。
⑥ ファスナー飾り・ピンクッションを作り、⑤につける。

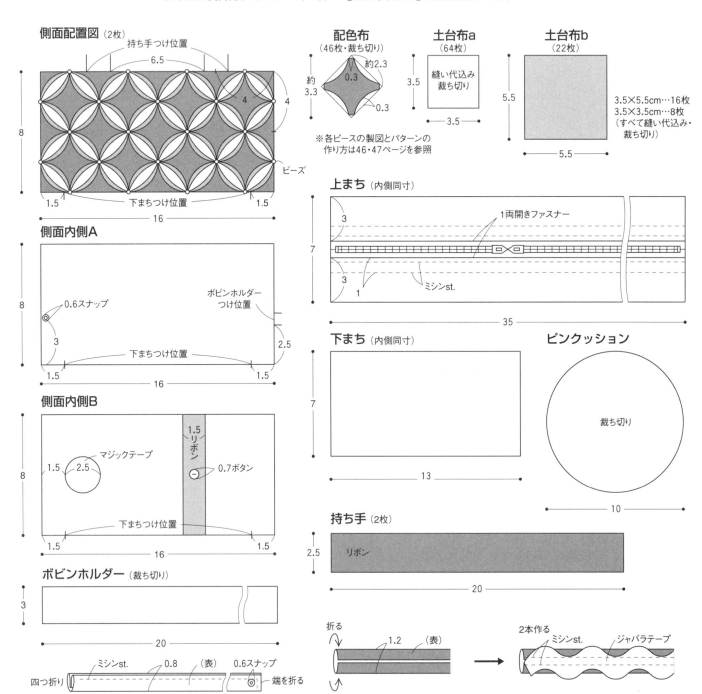

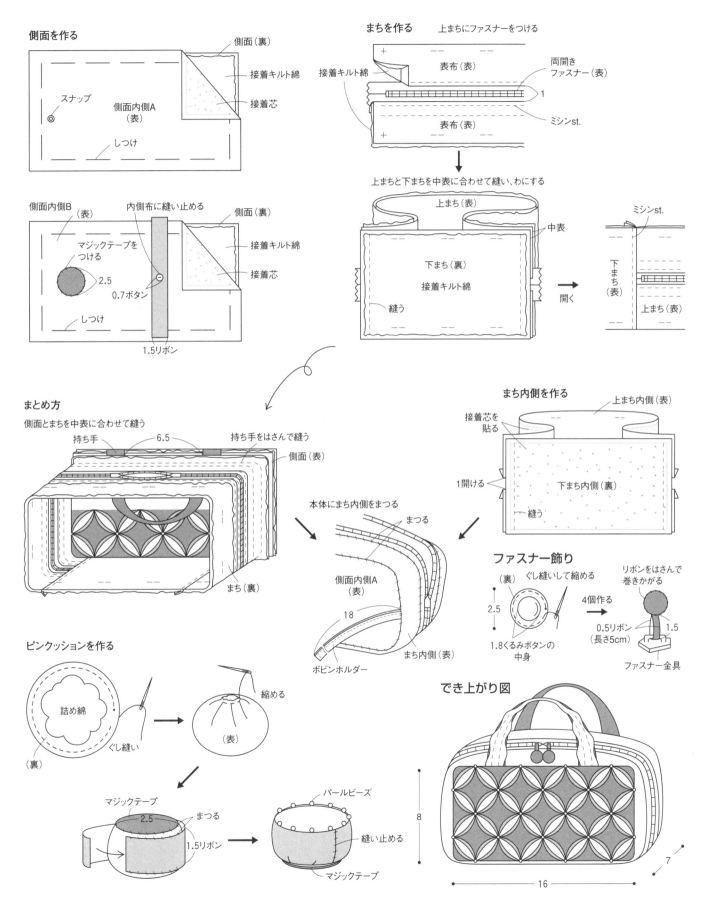

1
7ページの作品
タペストリー

●材料
パッチワーク用布…黄緑小花柄110×50cm・黒小花柄・黒格子に花柄各110×30cm・花柄8種各適宜、ボーダー用布…こげ茶地花綱柄35×600cm、スカラップ用布…こげ茶地小花柄10×640cm、裏布・キルト綿各90×330cm
●でき上がり寸法　148×148cm
●作り方
①配置図を参照してパッチワークをして中央部分を作る。
②①の周囲にボーダーを縫い合わせて表布を作る。
③スカラップ分をつけて大きめに裁ったキルト綿と裏布を②に重ねてキルティングをする。
④裏布のでき上がり線に両脇のスカラップ布を中表に合わせてカーブ部分を縫い、表に返して表布にまつる。上下のスカラップ布も同様に縫い合わせる。
⑤周囲にキルティングをする。
●ポイント
この作品でボーダーとスカラップに使用している布は、大柄の花綱と小花のボーダーが2列ずつプリントされている。同じ布を使う場合、ボーダーとスカラップを合わせた用尺は110×160cm。
●花のキルティングの実物大図案は巻末B面

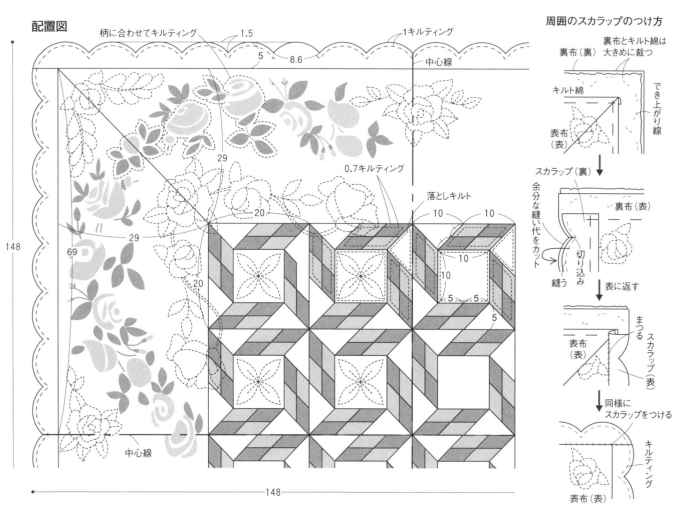

31
35ページの作品
ボックス

●材料
パッチワーク用布…土台布a=紫花柄20×55cm（ふた内側布を含む）・白地草花柄20×25cm、土台布b=白黒プリント40×50cm（底布を含む）、配色布…水色レース地15×25cm、ふた側面布・本体側面布…白地小花柄20×60cm、本体側面内側布・底内側布…薄紫水玉30×60cm、台紙…厚さ0.2cm厚紙60×30cm、裏打ち紙（コピー用紙など）60×30cm、キルト綿20×40cm、丸大ビーズ17個
●でき上がり寸法　図を参照
●作り方
①46・47ページを参照してパターンを作り、ビーズをつけてふた表布を作る。
②図を参照してふた・本体の台紙をそれぞれ組み立てる。
③ふた・本体側面・底の内側布と、底布の裏に裏打ち紙を貼る。
④①の裏にキルト綿3枚を重ね、側面布・ふた内側布と一緒にふた台紙に貼る。
⑤図を参照して本体を作る。
●ポイント
側面布の長さは、ふた・本体の周囲のサイズに合わせて調整する（台紙・内側布も同様）。台紙の組み立て方や布の貼り方は83ページを参照。

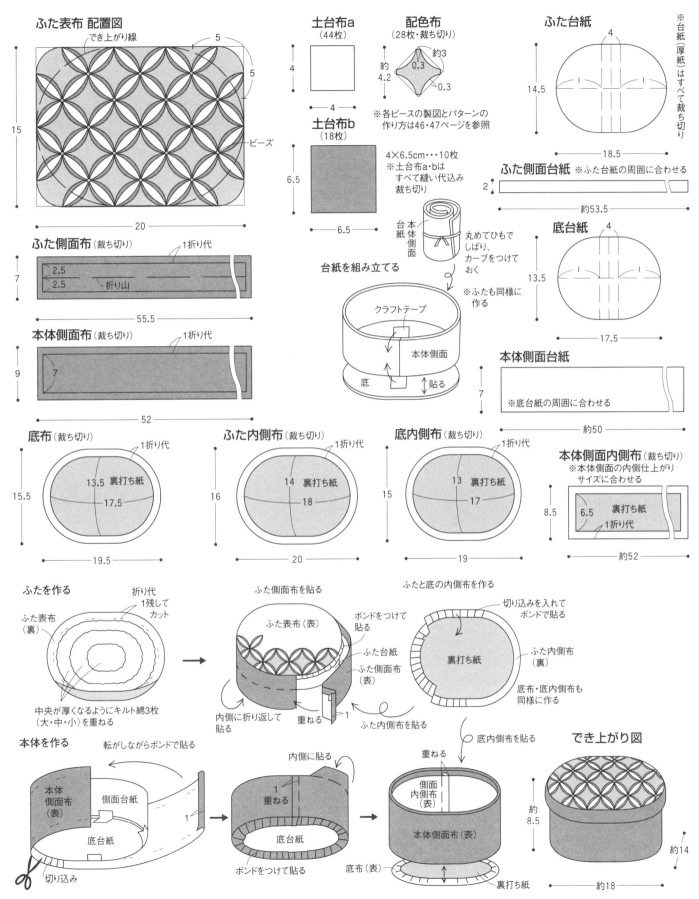

30

34ページの作品

ボックス

●材料
パッチワーク用布…白黒縞90×25cm（飾り布・ふた内側布・側面内側布・ちょうつがい布を含む）、土台布＝グレーチェック45×75cm（側面布・底布を含む）、配色布＝黄色地花柄20×35cm（底内側布を含む）、台紙…厚さ0.2cm厚紙30×40cm、裏打ち紙（コピー用紙など）30×40cm、キルト綿20×50cm、丸小ビーズ…黒38個・赤5個

●でき上がり寸法　図を参照
●作り方
① 44・45ページを参照してパターンを作り、ビーズをつける。周囲に額縁状に布を縫い合わせてふた表布を作る。
② 図を参照して側面の台紙を組み立てる。周囲に側面布と飾り布を貼る。
③ 底台紙に底布を貼り、②に貼る。
④ ①の裏にキルト綿3枚を重ね、ふた台紙をくるんで貼る。
⑤ 裏打ち紙を貼ったふた・側面・底の内側布を作る。
⑥ 側面とふたにちょうつがい布を貼ってつなぐ。
⑦ ふた・側面・底の内側布を貼る。

●ポイント
④までできたら、ふた・側面・底の内側サイズを測ってみて、それに合わせて内側布と裏打ち紙の寸法を調整する。

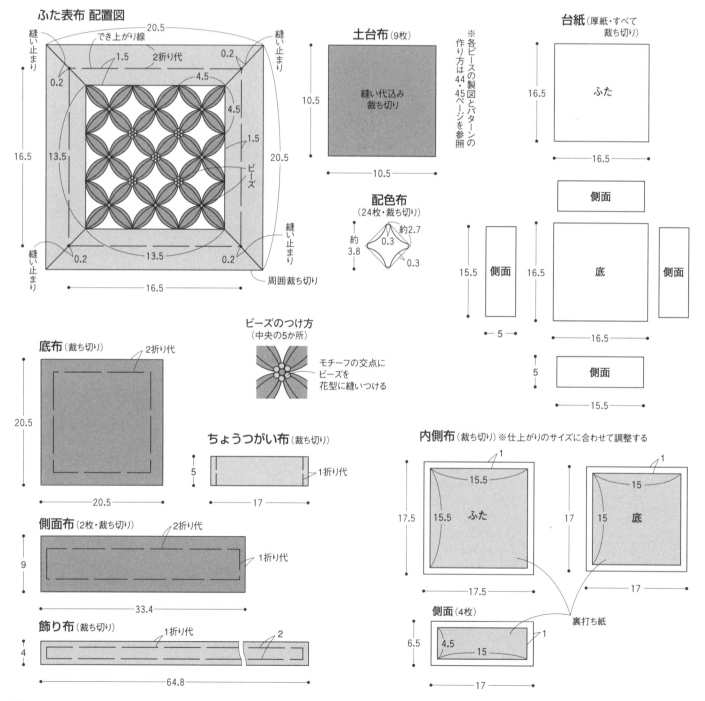

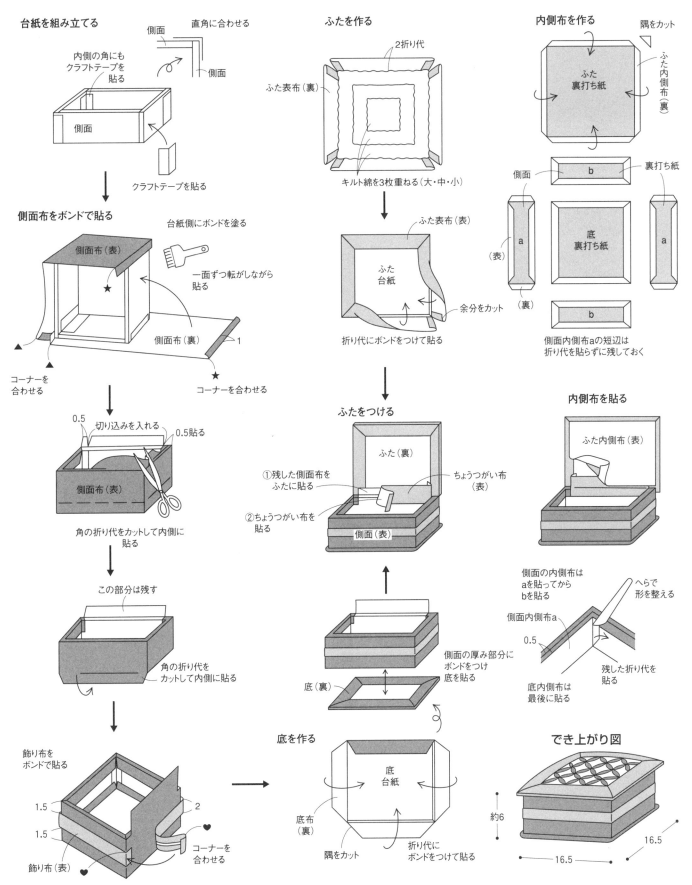

22・35

26・38ページの作品

テーブルセンター
ミニタペストリー

〈22・テーブルセンター〉
● 材料
パッチワーク用布…黄緑チェック60×60cm（裏布縁のピースを含む）・花柄プリント3種各適宜、裏布・キルト綿各70×50cm
● でき上がり寸法　図を参照
● 作り方
①ペーパーライナーを使って、1辺2.6cmの正六角形のピースを用意する。巻きかがりで縫いつないで表布を作る。
②①にキルト綿と裏布を重ねてキルティングをする（周囲の1周分は残しておく）。
③図を参照して裏布の縁を始末する。

〈35・ミニタペストリー〉
● 材料
モチーフ用布…ピンク系・グリーン系プリントなど15×15cmを計49枚、パッチワーク用布…緑チェック60×30cm・生成りレース地110×40cm、ボーダー用布…緑系ガーデン柄90×60cm、裏布・キルト綿各90×90cm、バインディング（バイアス）…緑系ガーデン柄4×330cm
● でき上がり寸法　約79.5×約79.5cm
● 作り方
①48・49ページを参照してモチーフを作り、図を参照してパッチワークをして表布を作る。
②①にキルト綿と裏布を重ねてキルティングをする。
③②の周囲をバインディングする。

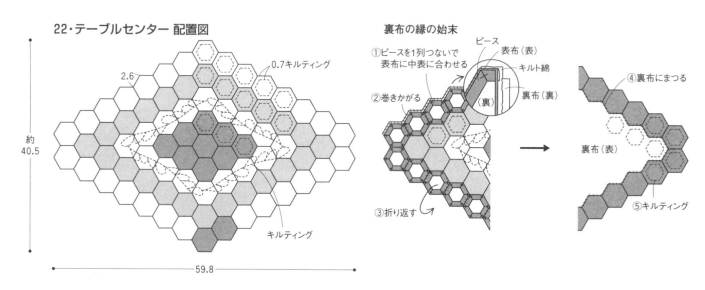

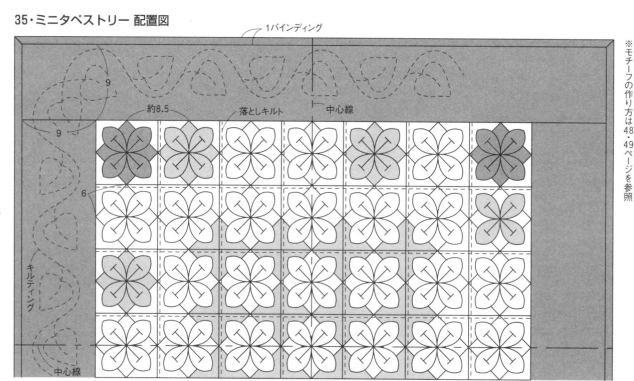

36
39ページの作品
バッグ

●材料
パッチワーク用布…黒無地110×60cm(底・見返しを含む)・紺ストライプ25×25cm、モチーフ用布…黄色地花柄17×17cmを4枚、中袋・内ポケット110×50cm、接着キルト綿110×60cm、持ち手…幅3.8cmテープ80cm、幅1.5cmブレード120cm、くるみボタン用布…黄色地花柄5×15cm、直径1.2cmくるみボタンの中身4個、直径1.5cmマグネットボタン1組
●でき上がり寸法　図を参照
●作り方
①48・49ページを参照してモチーフを作り、周囲に三角形のピースを縫い合わせる。配置図を参照して一枚布のピースと縫い合わせ、くるみボタン・ブレードをつけて本体表布を作る。
②①の裏に接着キルト綿を貼る。これを2枚作り、中表に合わせて脇を縫う。
③底表布の裏に接着キルト綿を貼り、②と中表に合わせて縫う。
④見返しと内ポケットをつけた中袋を作る。
⑤本体と中袋を中表に合わせ、間に持ち手をはさんで袋口を縫う。
⑥⑤を表に返し、返し口をまつって閉じる。見返しの袋口を星止めする。
●底の実物大型紙は巻末B面

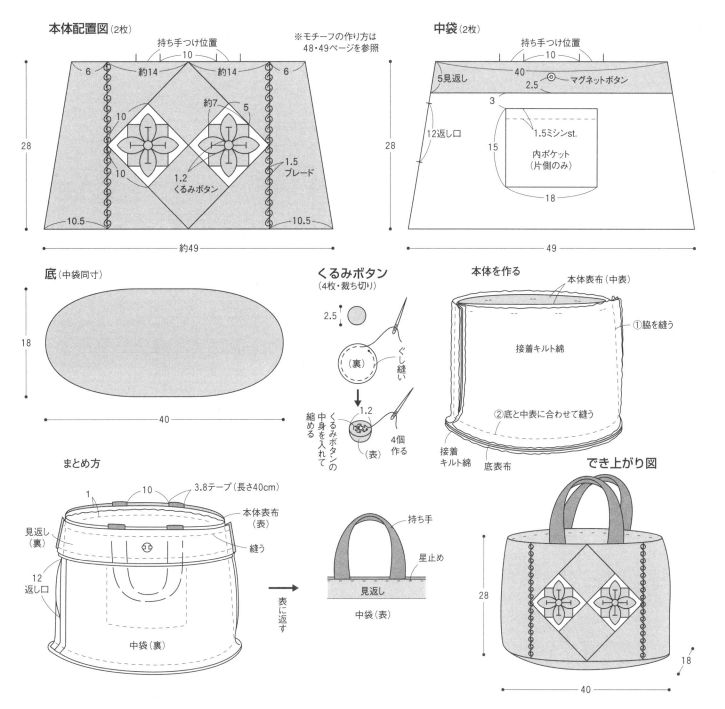

37

40ページの作品

バッグ

● 材料
パッチワーク・アップリケ用布…緑地レース柄70×35cm（見返しを含む）・端切れ適宜、中袋・内ポケット60×55cm、接着キルト綿70×35cm、接着芯30×10cm、持ち手…幅1.5cmフローラルテープつき革テープ80cm、8番刺しゅう糸ピンク適宜、ビーズ各種適宜

● でき上がり寸法　図を参照
● 作り方

① パッチワークとアップリケ・刺しゅうをして本体表布を作る。パターン部分は50・51ページを参照。
② ①の裏に接着キルト綿を貼ってキルティングをする。袋口部分は好みでビーズをつける。
③ ②を中表に合わせて両脇を縫い、残りのアップリケをする。
④ ③のまちを縫う。
⑤ 見返しの裏に裁ち切りの接着芯を貼り、2枚を中表に合わせて両脇を縫う。本体袋口に中表に合わせ、間に持ち手をはさんで縫う。
⑥ 内ポケットをつけた中袋を作る。
⑦ 本体と中袋を外表に合わせ、見返しの際に中袋をまつる。

● ポイント
ダブルウエディングリングの交点には1.8cm角の正方形をアップリケする。両脇部分は脇を縫ってパターンがつながってからアップリケする。

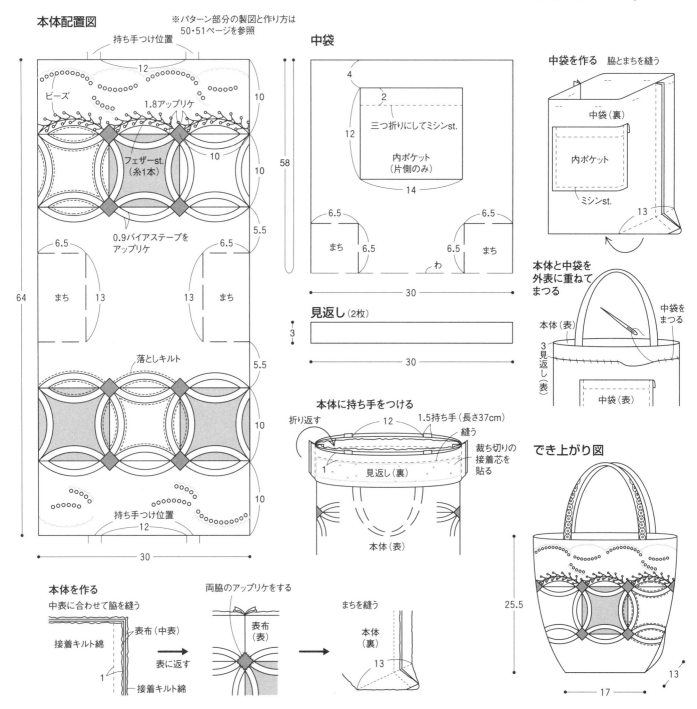

38・39

40・41ページの作品

ミニタペストリー
タペストリー

〈38・ミニタペストリー〉
● 材料 パッチワーク・アップリケ用布…黄色大花柄35×35cm・端切れ適宜、ボーダー用布…緑地レース柄20×340cm、裏布・キルト綿各85×85cm、刺しゅう用リボン・8番刺しゅう糸各適宜、ビーズ各種適宜
● でき上がり寸法 75×75cm
● 作り方
① パッチワークとアップリケ・刺しゅうをして表布を作る。パターン部分は50・51ページを参照。
② ①にキルト綿と裏布を重ねてしつけをかけ、周囲を始末する。
③ ②にキルティングをして、柄に合わせて好みでビーズをつける。

〈39・タペストリー〉
● 材料 パッチワーク・アップリケ用布…端切れ適宜、ボーダー用布…黒地レース柄20×600cm、裏布・キルト綿各90×360cm、バインディング(バイアス)…黒無地3.5×560cm
● でき上がり寸法 162.4×111.4cm
● 作り方
① 50・51ページを参照してパッチワークとアップリケをして表布を作る。
② ①にキルト綿と裏布を重ねてキルティングをする。
③ 周囲をバインディングする。
● 一部のキルティングの実物大図案は巻末B面

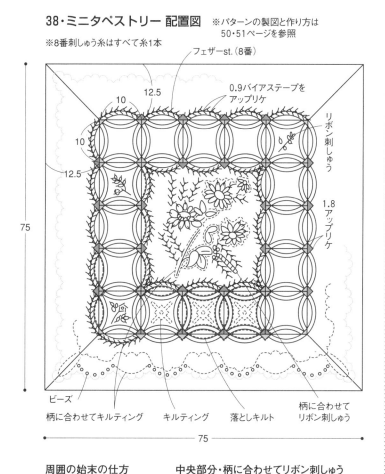

38・ミニタペストリー 配置図 ※パターンの製図と作り方は50・51ページを参照

39・タペストリー 配置図

周囲の始末の仕方

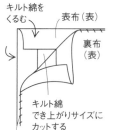

中央部分・柄に合わせてリボン刺しゅう

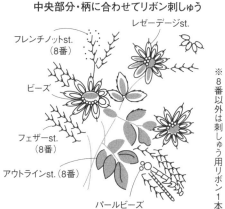

岡本洋子（おかもとようこ）
大阪市在住。幼少の頃から手芸に親しむ。エレガントな大人のかわいらしさが漂う作風が特徴。財団法人日本手芸普及協会理事、同協会パッチワークキルト部門委員長。ヴォーグ学園大阪校・名古屋校講師。アベノ近鉄文化サロン講師。パッチワークキルトの指導者として国内のみならず台湾、韓国などでも精力的に活動している。

STAFF
撮影／宮下昭徳
　　　鈴木信雄・渡辺華奈（レッスンプロセス・P 16・17のリボン）
スタイリング／井上輝美
ブックデザイン／加藤美貴子
作り方トレース／ファクトリー・ウォーター
編集協力／鈴木さかえ
編集担当／佐々木 純

SPECIAL THANKS：アトリエYOKOの仲間たち

協力会社
有輪商店株式会社（作品に使用した布「ヨーロピアンアンティークコレクション」）
〒540-0036　大阪市中央区船越町1-5-4
TEL 06-6947-6777

MOKUBA（P16・17 コーディネート用リボン）
〒111-8518　東京都台東区蔵前4-16-8
TEL 03-3864-1408

株式会社ナカジマ（P33 バッグの持ち手に使用・ちぢむシート）
〒591-8045　大阪府堺市北区南長尾町5-5-15
TEL 072-253-4407

クロバー株式会社（P 51で使用・テープメーカー W とキルト用熱接着テープ）
〒537-0025　大阪市東成区中道3-15-5
TEL 06-6978-2277（お客様係）

迎賓館 ザ・ジョージアンハウス1997 別邸 ロイヤルクレストハウス
〒370-0046　群馬県高崎市江木町412-1
TEL 027-323-1997

参考文献
「FANTASTIC FABRIC FOLDING」（Rebecca Wat ／ C&T Publishing）
「The Silver Jubilee Collection」（Elizabeth Akana ／ EA of Hawaii）

本書の複写に関わる複製、上映、譲渡、公衆送信（送信可能化を含む）の各権利は株式会社日本ヴォーグ社が管理の委託を受けています。
JCOPY　<（社）出版者著作権管理機構　委託出版物>
本書の無断複写は著作権法上での例外を除き禁じられています。複写される場合は、そのつど事前に（社）出版者著作権管理機構（TEL 03-3513-6969、FAX 03-3513-6979、e-mail: info@jcopy.or.jp）の許諾を得てください。
●万一、乱丁本・落丁本がありましたら、お取り替えいたします。

あなたに感謝しております　*We are grateful.*
手づくりの大好きなあなたが、この本をお選びくださいましてありがとうございます。
内容はいかがでしたでしょうか？　本書が少しでもお役に立てば、こんなにうれしいことはありません。
日本ヴォーグ社では、手づくりを愛する方とのおつき合いを大切にし、ご要望におこたえする商品、サービスの実現を常に目標としています。
小社並びに出版物について、何かお気付きの点やご意見がございましたら、何なりとお申し出ください。
そういうあなたに私共は常に感謝しております。
　　　　　株式会社日本ヴォーグ社社長　瀬戸信昭　FAX03-3383-0602

岡本洋子のおしゃれなパッチワーク
花の布つなぎ <復刻版>

発行日／2018年9月8日
著者／岡本洋子
発行人／瀬戸信昭
編集人／今 ひろ子
発行所／株式会社日本ヴォーグ社
〒164-8705　東京都中野区弥生町5-6-11
TEL 03-3383-0634（編集）／03-3383-0628（販売）
振替／00170-4-9877
出版受注センター　TEL 03-3383-0650
　　　　　　　　　FAX 03-3383-0680
印刷所／大日本印刷株式会社
Printed in Japan　©Yoko Okamoto 2018
NV70508　ISBN978-4-529-05852-0　C5077

この本に関するご質問はお電話・WEBで
書名／花の布つなぎ（復刻版）
本のコード／NV70508　担当／佐々木
TEL 03-3383-0634（平日13時～17時受付）
WEBサイト「日本ヴォーグ社の本」
http://book.nihonvogue.co.jp/
※サイト内「お問い合わせ」からお入りください（終日受付）。
（注）WEBでのお問い合わせはパソコン専用となります。

本誌に掲載の作品を複製して販売（店頭・個人間を問わず／オークション・バザーなども含む）することは禁止しています。
個人で手作りを楽しむためにのみご利用ください

日本ヴォーグ社関連情報はこちら
（出版、通信販売、通信講座、スクール・レッスン）
http://www.tezukuritown.com/